accidental foodie

Voor mijn moeder, Pamela Whitaker (1935-1995)

accidental foodie

neale whitaker

fotografie: petrina tinslay

Van Dishoeck

inhoud

‘Hij was zeker niet het type dat plechtig aan wijn nipt of ernstig over recepten discussieert. Dat soort expertise liet hij aan anderen over.’

– Elizabeth David (over de schrijver Norman Douglas),
in *An Omelette and a Glass of Wine* (1984)

Maten
Voor alle recepten in dit boek geldt:
1 eetlepel = 15 ml
1 theelepel = 5 ml

voorwoord

Bij de research en de planning van dit boek verwees ik naar de ruim twintig mensen over wie ik ging schrijven als mijn 'culinaire helden'. Het was niet mijn bedoeling ze zo te noemen in het boek zelf, uit vrees al te kruiperig te klinken, maar de term bleef hangen. Er is nu eenmaal geen betere of volwassenere manier om hen te omschrijven omdat het precies aangeeft wat ze zijn: mijn culinaire helden. Een diverse groep mensen, waaronder culinaire schrijvers, chef-koks, restaurateurs en stilisten, uit zowel Groot-Brittannië als Australië. Wat ze allemaal delen en wat hen voor mij met elkaar verbindt, is een buitengewone passie voor eten en een levenslange missie om beter voedsel binnen het bereik van iedereen te brengen, welke manier ze daar ook voor hebben gekozen. Deze mensen hebben me geïnspireerd, beïnvloed en onderwezen (en in maar één of twee gevallen gek gemaakt) tijdens mijn eigen gelukkige reis door de wereld van culinaire bladen. Ik sta bij allen in het krijt.

Sommigen hebben zich bij mijn selectie afgevraagd waarom ik geen mensen heb gekozen zoals Nigella Lawson, Gordon Ramsay, Rick Stein of Fergus Henderson (die, als er een poll was gehouden onder mijn helden – met name de Britse – zeker met twee vingers in de neus had gewonnen). Het antwoord is simpel: ik vond dat iedereen over wie ik schreef persoonlijk ergens in mijn carrière opgedoken moest zijn, al was dat in sommige gevallen maar oppervlakkig. Dat was mijn uitgangspunt en ik hoop dat het boek er eerlijker door is geworden.

Er zijn nog veel meer mensen die ik wil danken voor hun wijsheid, aanmoediging en steun, onder wie John Brown, Simon Brown, Ellen Brush, Jean Cazals, Michele Cranston, Elizabeth Crompton-Batt, Mia Daminato, Holly Davis, Matthew Drennan, Jane Druker, Sue Fairlie-Cuninghame, Russell Fish, Ken Gomes, Saska Graville, Felicity Green, Matt Handbury, Michael Hannan, Kendall Hill, Caty Hillier, Andrew Hirsch, Trudi Jenkins, Simon Johnson, Debbie Lewis, Lisa Linder, Valli Little, David Loftus, Jason Lowe, Geoff Lung, Andrea Lynch, Christine Manfield, Angela Mason, Karen McCartney, Barry en Karen McDonald, Michael McHugh, James Murphy, Dee Nolan, Mark Riordan, Deirdre Rooney, Daniella Shone, Janet Smith, Maurizio Terzini, Bill Tikos, Christopher Ward, Phil Webb, Martin Welch, Caroline West, John Whitaker, Stephen Whitaker en John Wilson.

Sarah Banberry was jaren geleden al een genie op het gebied van sandwiches en is nog steeds een van de beste koks die ik ken.

Cheryl Thomas liet me zien dat je met een aardappel, een ui en genoeg verbeelding een feestmaal kunt maken.

Petrina Tinslay is een ware culinaire heldin en niemand had mooiere foto's voor dit boek kunnen maken.

David Novak-Piper bracht plezier, liefde en heerlijk eten terug in mijn keuken.

Neale Whitaker

inleiding

Australië, februari 1993: in afwachting van de laatste etappe naar Sydney moesten we een uur doorbrengen in de wachtruimte van Qantas. Krankzinnig om zo'n eind te vliegen en dan zo dicht bij de eindhalte te moeten stoppen. Ik zag dat het grondpersoneel, dat met een soort pingpongbatjes de vliegtuigen tot stilstand bracht, was gekleed in korte broek. Mijn eerste beeld van Australië: zo'n logge, enorme Qantas-jet die tot stilstand komt op centimeters afstand van een paar in korte broek gestoken beentjes. Maar droeg niet iedereen een korte broek in Australië? Ik moest ineens denken aan die Ladybird-boekjes uit mijn jeugd, met die twee glimlachende kinderen met hun perfecte scheidingen en bijpassende koffertjes, die het ene moment naar de vriendelijke bevolking zwaaien bij de Taj Mahal en het volgende moment bij de Niagara Falls staan. Die Ladybird-kinderen gingen ook naar Australië en ik weet zeker dat iedereen die ze ontmoetten een korte broek droeg. Ik moet een enorme jetlag hebben gehad. Later die avond, eindelijk in Sydney, doorkruiste onze taxi de dampende straten van Darlinghurst. Het was alsof ik kippenvel kreeg. Ik was in een vreemde stad, in een land dat ik nooit had bezocht en waar ik eerlijk gezegd helemaal niet naartoe had willen komen, maar ik wist één ding absoluut zeker: ik was thuis.

Een carrière die met eten te maken had, was nooit in me opgekomen. Op mijn zevende verkondigde ik tegen iedereen dat ik bij de koopvaardij wilde. Ik had totaal geen idee wat de koopvaardij was, maar ik vermoedde dat je dan naar verre havens zou varen (wellicht naar Hongkong, mijn obsessie destijds), misschien wel in een fraai uniform. Het klonk onvoorstelbaar aantrekkelijk. Ik wist wel meteen dat het de koopvaardij moest zijn en niet de marine, want al op die prille leeftijd besefte ik dat ik vrij hopeloos was in het gevecht. Ik weet niet meer wie het idee in mijn jonge fantasie heeft geplant, maar de reistic sloeg duidelijk al vroeg toe, als ik af mag gaan op de palmbomen waar ik al mijn schoolboeken mee volkladde. Nu en dan verscheen er op de schoorsteenmantel van oma Bob (om onduidelijke redenen was het in onze familie gebruikelijk dat oma's de naam van hun man overnamen) een ansichtkaart van de raadselachtige 'neef Michael', meestal van een of andere verre, exotische locatie. Oma en oudtante Ruby hadden het altijd op gedempte toon over de ongetrouwde neef Michael. 'Hij is weer eens op stap met de Vogue-meisjes,' hoorde ik tante Ruby eens zeggen. Zelfs op mijn zevende begreep ik dat de Vogue-meisjes, anders dan de Rackham- of de Lillicrapkinderen, niet om de hoek van de straat woonden. Dit was iets veel verheveners. Vele jaren later begreep ik meer van dat soort dingen. Ik stelde me neef Michael voor als een stijlvolle impresario die op verre stranden schitterende modepagina's voor *Vogue* maakte. Misschien was hij fotograaf, of journalist. Misschien was hij modeontwerper of -redacteur. Of kapper? Daar waren er al een paar van in de familie: oudtante Jill had een salon aan de Luton Road die stijf stond van de haarlotion, en oudoom Reg was kapper. Misschien droeg ongetrouwde neef Michael alleen maar de koffers voor de Vogue-meisjes. Het kwam niet in me op het te vragen.

Maar eten? Niet echt. In de traditie van culinaire schrijvers zou ik eigenlijk moeten zeggen dat ik leerde koken aan de zijde van mijn moeder of op de knie van mijn oma, maar dat zou absurd zijn. Mijn moeder, die ik aanbad, leerde me veel belangrijke levenslessen, maar culinaire vaardigheden stonden maar halverwege de lijst. En mijn oma van moederskant, oma Sid, van wie ik ook erg hield, leek op weinig meer te overleven dan op kant-en-klare pasteitjes en diepvrieserwtjes. Zoals in zoveel Engelse huishoudens in de jaren zestig en zeventig van de vorige eeuw was eten geen belangrijk onderdeel van het leven, wat nogal vreemd was omdat zowel mijn vader als mijn opa visboer was (R.C. Whitaker & Sons, verse of 'natte' vis, zoals ze het toen noemden, aan de ene kant van de winkel, gefrituurde met patat en ingemaakte eieren aan de andere) en later groenteboer: R.C. Whitaker & Sons, voor vers fruit.

Maaltijden wáren er gewoon in ons gezin en bij de herkomst stond je niet stil. Mijn moeder zal daar natuurlijk anders over hebben gedacht, maar de maaltijden leken gewoon op het juiste moment op te duiken en werden niet van veel commentaar voorzien. Ma was een goede, zij het eenvoudige kokkin met een standaardrepertoire van stevige Engelse kost. Biefcurry met pinda's, rozijnen, plakjes banaan en kokosrasp, dikke plakken varkenslever met gebakken ui, bacon en stevige gekookte aardappelen, hamburgers van worstvlees (een favoriet van mij: ik was intens tevreden als ik de hamburger kreeg die aan de bodem van de pan plakte, in al zijn geblakerde, plakkerige glorie), *steak and kidney puddings* en pasteitjes, *shepherd's pie* van rundergehakt met boterige aardappelpuree en een flinke scheut worcestersaus. Ma's taarten waren fantastisch en er zat altijd wel vruchtencake of een chocoladebroodje in de trommel.

Mijn uitgebreide familie bestond uit voedselexcentriekelingen. Het was traditie om lichtgele, gerookte schelvis te eten bij de thee of het ontbijt – uit eerbied voor het familiebedrijf – en ik nam aan dat alle gezinnen dat deden. Dat deden ze niet. *Kippers* ja, gerookte schelvis nee. Oudtante Violet leek te leven van de lucht, ondanks haar omvang, terwijl haar spaniël zich volpropte met verse kip. De specialiteit van een jongere tante was een luide boer, meestal als ze haar sigaret aanstak na de maaltijd, wat mijn broers en mij erg amuseerde. En overgrootmoeder Flo, die hardnekkig haar eigen naam had behouden, hield haar slippers op hun plaats met elastiekjes en bewaarde haar pindakoek in een versierd blik, om aan te zuigen (haar tanden waren meestal de hort op) terwijl ze op tv naar worstelen keek. Met Flo's uienjus kon je kieren in de muren dichtsmeren, maar hij was onbeschrijflijk lekker en ik hoopte telkens van harte dat ze genoeg bij haar positieven was om hem voor ons te maken. Dat was ze zelden.

Ik had ongebruikelijke voorkeuren voor een kleine jongen. Misschien was het de schaduw van Frankrijk, slechts een handvol kilometers verwijderd aan de andere kant van het Kanaal (bij helder weer kon je de Franse kust zien en mijn opa grapte altijd dat hij op de kerktoren in Calais kon zien hoe laat het was), maar mijn idee van de hemel was een *continental breakfast* met warme croissants, zoute boter en abrikozenjam. Om precies te zijn was het een van de voorstellingen van de culinaire hemel die ik als kind had. Een Chinese afhaalmaaltijd van het Sea Palace naast het ziekenhuis was er ook een en ik ging hem dolgraag met mijn vader in de auto ophalen. Het Sea Palace stond stijf van de walm van ranzige kroepoek, van jaren her. Het had een enorme Chinese lantaarn, vergeelde toeristenposters en een draagbare zwartwittelevisie waar de miserabele vrouw achter de balie weigerde haar blik van af te wenden, zelfs als ze ons de dozen van aluminiumfolie gaf met nummer 9, nummer 23 en nummer 37. Maar dichter bij Hongkong kon je in Margate niet komen.

Zakjes gemalen koffie waren het helemaal in de vroege jaren zeventig – net als theezakjes – en ik meende dat er niets chiquers bestond dan dat, zeker niet als de koffie werd geserveerd met mijn moeders, alleen voor speciale etentjes bedoelde, gekleurde suikerkorrels en in haar wankele, met de hand gemaakte koffiekopjes. Nu ik het erover heb: ik meende ook dat er niemand bestond die chiquer was dan mijn moeder. Soms kregen we 'astronautenvoedsel', gedroogde maaltijden (van het merk Vesta) die hun leven begonnen als iets wat deed denken aan de inhoud van een stofzuigerzak en zich op griezelige wijze, via een scheut water, een paar minuten op een warm plaatje en heel veel fantasie, transformeerden tot iets wat leek op curry of tjaptjoi. Ik mocht soms de platte, gedroogde noedels bereiden die als gouden krullen op moesten zwellen in de koekenpan, maar ik maakte de pan steevast te warm waardoor de noedels als pleisters aan de bodem bleven plakken. Mijn arme, geduldige moeder moet wanhopig zijn geweest.

Herinneringen aan eten, zij het niet altijd even opmerkelijk eten, lopen als een rode draad door mijn jeugd. Heerlijke maanzaadbroodjes van de koosjere kruidenier voor het zaterdagse ontbijt, die op vrijdag werden bezorgd. (We waren niet joods, maar de koosjere kruidenier en zijn gezin waren praktisch onze buren; ze woonden in het huis met de geschilderde knipoog op de garage, wat ma, niet geheel onterecht, vulgair vond.) Soms was er ook een blik Bird's Eye Florida-sinaasappelsap, als speciale traktatie. Sandwiches van witbrood met cornedbeef en Branston pickle, gevuld met geplette chips. Mijn initialen in ketchup op een plak van mijn moeders eierbrood. En groot kindergeluk: vissticks op toast. Nog steeds kan ik dingen in broodkruim niet weerstaan.

Een bezoek aan Londen, slechts twee uur reizen, betekende de fluweelzachte, zware sachertorte in het Swiss Centre op Leicester Square (je kon uit vier ondergrondse restaurants kiezen – Duits, Frans, Italiaans en Zwitsers – die allemaal stonden voor het swingende Londen van die tijd, een soort onderaards, culinair Babylon), terwijl onze zomervakanties in Cornwall in het teken stonden van *Cornish pasty's*, vol vlees, aardappel en meiraap, en grote blauwe blikken van de heerlijke, lokale *fairings*: platte, stevige biscuits, zo groot als je hand, gekruid met gember en saffraan. En omdat ik te oud was om vroeg naar bed te worden gestuurd (maar te jong voor een eigen sociaal leven), mocht ik altijd wat voorproeven van mijn moeders feestelijke maaltijd: van de 'Swiss steak' (wat was dat toch, die obsessie met Zwitserland in de vroege jaren zeventig?), een stevige stoofpot van rundvlees, uien en rode wijn, die me hongerig maakte naar volwassenheid, en van haar fluorescerende, groeneappelmoestaart – een feest van voedselkleurstof – op een bed van geplette volkorenkoekjes en bestrooid met chocoladevlokken. Zei ik al dat ik op mijn tiende bijna zestig kilo woog?

Als ik mijn culinaire ontwikkeling naga, dan waren de jaren tussen 1980 en 1983 (toen ik halfbakken dromen koesterde over acteur worden) een niemandsland. Mijn stoofpot van lever en mosterd verwierf een zekere reputatie, maar over het algemeen gebeurde er niet veel in de keuken. Eerlijk gezegd waren we veel meer bezig *quality time* door te brengen in de bar van de studentenvereniging, dan dat we ons zorgen maakten over eten. We waren allemaal vrij handig met de blikopener en alles wat kon worden bereid in zijn eigen plastic zakje. In de laatste maanden voor het afstuderen zagen mijn goede vriend J. en ik onszelf als Sebastian Flyte en Charles Ryder uit *Brideshead Revisited* (destijds op tv) en in de rol van Charles – waar ik van nature toe neigde – vond ik het mijn plicht Sebastian te adviseren dat het drinken van Malibu met melk wel erg on-Evelyn-Waugh-achtig was. Hij zocht meteen zijn heil in Bailey's, dat we beiden gedistingeerd en respectabel achtten. Na de universiteit doolde ik zes maanden door India en Zuidoost-Azië, ook weer met J., waar ik smaken en culturen leerde kennen die mijn volwassen leven hebben doordrenkt. Het is grappig te bedenken dat ik bij mijn eerste kennismaking met koriander (nu mijn favoriete kruid) in India een heftige weerzin voelde. Ik vond het bitter en zepig en van de duistere aanwezigheid in zowat elk gerecht draaide mijn maag om.

Die levensveranderende reis van meer dan twintig jaar geleden doet me denken aan de gelukzalige kokos- en bananenpap op Koh Samui, dikke siroopachtige koffie met gecondenseerde melk (waar ik nog steeds van houd), toast met ranzige boter bij een tentje langs de weg in Birma, verzachtende koppen *milo* waaraan we verslaafd raakten in Maleisiës natte, droefgeestige Cameron Highlands en het eindeloze geroep van Indiase *chai*-verkopers, die je bestookten met hun zoete, muffige brouwsel van gekookte thee, melk, suiker en gember. Onze reis was bijna helemaal vegetarisch, vooral door de bezorgde smeekbedes van vrienden en verwanten die ervan overtuigd waren dat eetbaar vlees voorbij het Kanaal niet bestond. Misschien hadden ze gelijk. In de laatste week van onze reis trakteerden we onszelf op kip *tikka* in een groots, ouderwets restaurant in Delhi, met op de achtergrond een in sari gehulde chansonnière die 'Kung-fu Fighting' zong, begeleid door een voltallig orkest, met drie afschuwelijke dagen dysenterie in een van ratten vergeven hotel als gevolg.

Terug in Londen gaf ik mijn plannen om acteur te worden op en besloot te gaan werken voor modebladen. Ik kwam terecht in de pr. Een poos op het kantoor van pr-goeroe Lynne Franks (de inspiratie voor Jennifer Saunders' fantastische creatie Eddie Monsoon in de cultkomedie *Absolutely Fabulous*) bracht me in contact met boeddhisme, Boy George en macrobiotisch eten. Mijn smaak verbreedde zich. Later, als persvoorlichter voor Browns, de deftige Londense modewinkel, at ik foie gras in Parijs bij Angelina's in de chique Rue de Rivoli, steak tartare bij Le Caprice, vlak achter de Ritz in Londen, en escargots – wat anders? – bij L'Escargot in Soho. Ik was net zo bekend met de pasta bij San Lorenzo in Knightsbridge als prinses Diana. Ik was 23, had een gevaarlijk hoge American Express-rekening, droeg een zonnebril op de eerste rij bij de Milanese modeshows (deed iedereen dat niet?) en dacht dat geluk een pak was van Comme des Garçons. Het waren de jaren tachtig en het kon me geen zak schelen. Het lijkt erop dat ik in plaats van een toevallige foodie een toevallig leeghoofd was geworden.

De fantastische Felicity Green, de vrouw die me leerde hoe je een tijdschrift maakt, is mijn mentor. Toen ik haar in 1990 ontmoette, leidde ze *The M&S Magazine* voor de klanten van Marks & Spencer, de warenhuisgigant die zo'n unieke plaats inneemt in de harten en zielen van de Britten. Het was een driemaandelijks tijdschrift met de verbluffende oplage van bijna twee miljoen. Green nam me aan als haar assistent op basis van weinig meer dan vertrouwen. Ik was 28, had veel langer dan gewenst rondgehangen in de mode- en pr-wereld en had nauwelijks publicaties op mijn naam staan, behalve een korte en ongelukkige klus bij het blad *Harper & Queen*. Maar ik wist wat van mode en kon moeilijke klanten met diplomatie en zijden handschoenen aanpakken. Dat, en het feit dat ik al voor Marks & Spencer als stilist had gewerkt, moet me de baan hebben bezorgd.

In 1990 verlegde Marks & Spencer de culinaire grenzen van het warenhuis in Groot-Brittannië en *The M&S Magazine* moest dat natuurlijk weerspiegelen. Maar eten was het terrein van de hoofdredacteur, niet dat van mij. Ik hield me bezig met de modekant, terwijl Green de aanstaande culinaire fotografen, stilisten, journalisten en diëtisten (wat deden díé daar eigenlijk?) inwijdde in de mysterieuze taal van eten en wijn. Ik hoefde niet zo nodig door het gangenlabyrint van de kantoren van Marks & Spencer te dwalen op zoek naar kip Kiev of karameltaart. Eten was niet mijn ding.

1993 was een jaar van verandering. In februari vlogen de artdirector van het blad en ik naar Australië als gasten van Qantas en de VVV van Queensland om mode te fotograferen. We vlogen naar Sydney met tien koffers kleren, ontmoetten fotograaf Paul Westlake en onze modellen en trokken noordwaarts naar de prachtige Sunshine Coast van Queensland, waar we schoten op locaties rond Fraser Island, Noosa en in het binnenland. Die tien dagen veranderden de invalshoek van mijn carrière en mijn leven. Er was een directe, intense band met Australië. Ik herinner me dat ik op Westlakes balkon zat in Potts Point met een versterkend glas wijn (de jetlag was verschrikkelijk), met de skyline van Sydney – de zeildaken van het Opera House en de reusachtige boog van de Harbour Bridge – bijna voor het grijpen. Ik wist dat ik naar mijn toekomstige thuis keek.

Later dat jaar werd ik in Londen hoofdredacteur van *The M&S Magazine*. Het blad was aan vernieuwing toe en Marks & Spencer was een ongeduldige klant. Ik miste de wijsheid en ervaring van Felicity Green. En op dat moment stuitte ik voor het eerst op *Vogue Entertaining* (dat nu *Vogue Entertaining + Travel* heet), een Australisch kookblad met het vertrouwde *Vogue*-gevoel dat ik associeerde met de catwalk en weelde. Op de bladzijdes van dat tijdschrift vond ik de briljante helderheid van het licht dat ik een paar maanden eerder had ervaren in Australië, voelde ik opnieuw de warmte en de zon en proefde ik de verse, eenvoudige smaken waar ik nog weken na mijn terugkeer in Londen naar verlangde. Via een unieke combinatie van beeld, recepten, lay-out en typografie presenteerde *Vogue Entertaining* een Australische cultuur die, voor een Brits oog, tegelijkertijd exotisch, vertrouwd en aanlokkelijk was. Prachtig, natuurlijk voedsel op eenvoudige witte borden, dat eruitzag zoals het ongetwijfeld smaakte, zonder de ingewikkelde kunstjes die ik gewend was. Vis zo uit de oceaan en tropisch fruit gefotografeerd in het overvloedige zonlicht, dat gratis was. Dit was een ander blad dan alles wat ik ooit had gezien. Het voelde bevrijd, ontspannen, sexy en modern. *Vogue Entertaining* ving de basisvreugde van het samen delen van goed, simpel voedsel uit het seizoen en presenteerde dat met een verfijnde en visuele flair die traditioneel het domein was van bladen voor mode en binnenhuisarchitectuur. Nergens bestond iets wat erop leek – zeker niet in Engeland – en ik was verkocht. Door een gelukkig toeval en zonder het zelfs te beseffen werd ik een foodie.

Qua stijl en aanpak beïnvloedde *Vogue Entertaining* alle culinaire publicaties ter wereld. Of het nu de blijvende erfenis van een eenvoudige, ingehouden moderne presentatie is, die het eten de ware ster laat zijn, of de overdadigere en vluchtigere grillen van soft focus, duizelingwekkende voedseltorentjes of voedsel in opzienbarende hoeken: de meeste trends kunnen worden herleid tot dat blad. Sommige van de meest gerespecteerde culinaire fotografen, zoals Petrina Tinslay, Geoff Lung en Earl Carter, zijn Australiërs en zij slepen hun fotografische messen op *Vogue Entertaining*. Ondanks de relatief kleine oplage, kleine redactie en een bescheiden budget werd *Vogue Entertaining* een fenomeen dat de weg vrijmaakte voor een nieuwe generatie eetbladen.

Als ik een toevallige foodie ben, ben ik ook een uiterst gelukkige. Weinig hoofdredacteuren krijgen zelfs maar één kans in hun carrière om hun ideale tijschrift te creëren. Ik heb er tot nu toe twee gehad en ik ben gepassioneerde uitgevers als John Brown in Londen en Michael McHugh in Sydney dankbaar dat ze mijn ideeën vorm hebben laten aannemen en van de grond hebben laten komen. Eind 1996 belandde ik voor de deur van de eigengereide uitgever Brown, die al een zeer diverse portefeuille aan titels uitgaf, van het satirische stripblad *Viz* tot het smachtend mooie *Garden Illustrated*. John Brown Publishing was destijds een jonge, vruchtbare en liberale omgeving. Brown hield van creatieve ideeën en was, ongebruikelijk voor een uitgever, zelfs in 1996, bereid een gok te wagen. *Food Illustrated*, dat uiteindelijk in maart 1998 werd gelanceerd, ontstond tijdens een middagwandeling met Brown langs de Theems. Ik deed al een blad voor hem, maar hij wist uit gesprekken die we hadden gevoerd, dat mijn ambitie een culinair blad was dat echt anders zou zijn en te vergelijken was met de grote Australische namen die bleven inspireren en beïnvloeden. Brown wilde een zustertitel voor de cult die hij een paar jaar eerder had gecreëerd met *Garden Illustrated*. *Food Illustrated* leek aan onze behoeftes te voldoen.

In minder dan zes maanden hadden we een proefnummer gemaakt, boordevol met wat wij nieuwe en andere ideeën vonden. Als aankomend hoofdredacteur en hoofd pr liep ik de straten van Londen af met het proefnummer en wist ik een aantal van 's lands beste culinaire geesten te strikken voor bijdragen aan het eerste nummer. Ik besefte dat andere bladen hetzelfde al eerder hadden geprobeerd, met weinig succes, maar volharding is een krachtige drug en veel van de opmerkelijke mensen die ik toen ontmoette – journalisten, koks, restaurateurs – staan nu in dit boek.

Food Illustrated moest een nieuw soort eetblad worden dat verderging dan recepten, menu's en kooktechnieken (hoewel die er ook in overvloed in stonden) om de passie voor eten te vangen en te vieren ('Het draait allemaal om passie...' was de zinsnede die het redactioneel commentaar opende), met verhalen uit Groot-Brittannië en de rest van de wereld. Het eerste nummer, dat in maart 1998 in de Britse kiosken lag, bevatte een pittige cocktail van artikelen: van een recensie van het eerste Londense bio-restaurant en culinair journalist Sybil Kapoors definitie van modern Brits voedsel tot een fotoreportage over de nieuwe trendy delicatessenwinkel in New York, Dean & DeLuca. Er was een menu voor een feestelijk diner van dé binnenhuisarchitecte van dat moment, Kelly Hoppen, *streetfood* uit Bolivia en een lovende column over kippensoep van de zeer onjoodse Nigel Slater. Kok en journalist Simon Hopkinson schreef over twee van zijn eigen foodie-helden, Francis Coulson en Brian Sack van het Sharrow Bay Hotel in het Lake District. Australië was, uiteraard, goed vertegenwoordigd in dat eerste nummer, met de eerste internationale tijdschriftreportage over bills café in Sydney en diens eigenaar Bill Granger, en een 'buitenlandse correspondent'-column van de ontembare Joan Campbell, culinair hoofdredactrice van *Vogue Entertaining + Travel*.

Toen dat eerste nummer uitkwam, wachtte ons kleine redactieteam met een mengeling van trots en angstige spanning op reacties. We wisten dat we het beste blad hadden gemaakt dat we konden en als het publiek dat niet waardeerde, dan lag de fout absoluut bij hen. *The London Evening Standard* vond het blad helemaal niks en omschreef het als 'culinaire pornografie'. Een geweldige uitdrukking, waar we wel wat mee konden. Sommige critici wisten niet wat ze aan moesten met onze weelderige, paginagrote foto's van eten, terwijl andere ze toejuichten. Ik geloof dat iemand het woord 'dapper' liet vallen. Gelukkig was het eindoordeel overweldigend positief voor het blad en hoewel we niet echt victorie konden kraaien over de verkoopcijfers (ik denk dat we van dat eerste nummer misschien meer exemplaren hebben weggegeven dan verkocht), leken we een snaar geraakt te hebben in de bedrijfstak. Nu moesten we alleen nog het Britse publiek overtuigen – een berucht lastig volkje, grootgebracht als het is op een dieet van culinaire slapstick en bevoogding die beide kunnen worden herleid tot de verschrikkelijk *campy* Fanny Craddock. Geen grappen in *Food Illustrated*. Verdomme.

Food Illustrated kon twaalf nummers lang op eigen benen staan en won met elk nummer aan zelfvertrouwen en autoriteit. Een instant uitgeefsucces is zeldzaam en we waren zo naïef te verwachten dat een blad dat zich onderscheidde door prachtige fotografie, intelligente artikelen over eten, regelmatig complexe recepten en een eigen mening over onderwerpen als biodiversiteit, ecoproducten en genetische manipulatie, een direct commercieel succes zou zijn. Maar wat we niet hadden voorzien, was dat we pijlsnel in de aandacht kwamen van Groot-Brittanniës meest prestigieuze en vooruitdenkende supermarktketen, die zijn eigen waarden in ons blad herkende. Waitrose was de redder van *Food Illustrated* en hun betrokkenheid en steun blies leven in het blad. Het eerste nummer van het in *Waitrose Food Illustrated* omgedoopte blad verscheen in april 1999, precies een jaar na het eerste nummer, en het verschijnt nog steeds en ziet er nog even goed uit als altijd. Sommige van de oorspronkelijke medewerkers – journalisten als Sybil Kapoor en Kevin Gould en fotografen als Jason Lowe en David Loftus – zijn hondstrouw aan het blad gebleven, wat misschien het blijvende succes verklaart.

Een van de mooie dingen van het leven is dat we nooit precies weten wat ons te wachten staat. Het is één groot kansspel. Op het moment dat ik in 1993 voet aan wal zette in Australië, werd ik verliefd op het uitgestrekte land, maar ik had nooit gedacht dat ik binnen tien jaar Australisch burger zou zijn. Het was een fantasie, maar meer ook niet. Ik was te oud voor een werkvisum en had niet genoeg van die essentiële 'immigratiepunten' – ik heb het een paar keer gecontroleerd. Ik had geen voorouders uit Australië (dat dacht ik tenminste), maar het voelde gewoon goed, als thuis. Tussen 1993 en 1999 moet ik er vijf of zes keer zijn geweest, steeds in Sydney, en telkens werd de drang sterker. Natuurlijk hield ik van Londen, mijn partner, mijn vrienden en familie, mijn carrière, maar er was ook de lokroep van de sirene.

Praktisch gezien dacht ik dat het goed zou zijn voor m'n carrière. Omdat ik al zo lang de eet- en lifestyleboeken en -tijdschriften uit Australië bewonderde en hun invloed op publicaties over de hele wereld had ervaren, wilde ik er middenin staan. Ik verlangde naar wat ik van een afstand waarnam als een ontspannen, creatieve houding en publicaties die waren doortrokken van de lichte toets die werd opgelegd door klimaat en geografie (wat naïef was, zoals uiteraard bleek: de Australische uitgeefwereld is net zo competitief, net zo meedogenloos en net zo gemotiveerd door economische motieven als zijn tegenhangers elders, misschien nog wel meer). Ik denk niet dat ik ooit echt geloofde dat het leven in Australië was zoals op de pagina's in *Vogue Entertaining*, maar na vijftien jaar Londen was ik toe aan verandering en een nieuwe uitdaging. New York verwierp ik (te hard, een soort Londen op speed) en ik overwoog serieus San Francisco en zelfs Los Angeles, maar ik bleef terugkomen in Sydney. Ik had die palmbomen nodig.

Begin 1999 werd ik benaderd door Murdoch Magazines, uitgever van de Australische *Marie Claire* en de invloedrijke reeks *Marie Claire*-kookboeken van Donna Hay. Er lag een nieuw culinair blad op de tekentafel en ze dachten dat ik misschien wel interesse had om hoofdredacteur te worden... Het lot had precies op tijd ingegrepen.

Ik was geïnteresseerd – zeker – maar niet meteen. Er waren een paar losse eindjes in mijn leven die ik eerst moest vastknopen. Zes maanden later echter, in oktober 1999, zat ik in mijn eigen appartement in Sydneys Potts Point met uitzicht op de magische skyline van die stad. Het was, bijna op de dag af, zesenhalf jaar geleden sinds ik op Paul Westlakes balkon zat en gezworen had terug te komen. Sindsdien woon ik in Sydney.

Ik herinner me dat ik als kind oma Sid over een verre verwant uit Australië hoorde vertellen. Helaas was ik destijds niet erg geïnteresseerd en iedereen die nu mijn vragen had kunnen beantwoorden, heeft deze wereld verlaten. Maar die herinnering bleef door mijn hoofd spoken en begin 2004 vroeg ik een genealoog om mijn stamboom na te gaan. Hij ontdekte dat mijn betovergrootvader van moederskant, Robert Coulter (vader van overgrootmoeder Flo van de pindakoek en de uienjus), in 1843 was geboren in Sydney. Robert Coulters eigen vader was ergens tussen 1812 en 1841 van Engeland naar Australië gereisd. Robert was kennelijk teruggegaan naar Engeland, want hij trouwde op zijn veertigste in Zuidoost-Londen. Maar nu wist ik waarom Australië in mijn bloed zat. Het verklaarde het kippenvel.

Ongeveer halverwege 2001 kreeg de Australische uitgever Michael McHugh van FPC Magazines plotseling groen licht van de Australian Broadcasting Company om voor hen een nieuw eetblad (en belangrijker: een nieuw sóórt eetblad) te lanceren. De onderhandelingen duurden al maanden, maar nadat de deal officieel was, wilde iedereen het blad de week daarop in de schappen hebben. Iedereen, dat wil zeggen behalve de hoofdredacteur (ik), die een map vol ideeën had en een uitpuilend adresboek, maar geen personeel. Een snelle rekensom leerde dat als we eenmaal personeel hadden, er nog ongeveer vier weken restten om het blad te maken. Het deed me denken aan die idiote tv-shows waarin een team experts een huis moet verbouwen terwijl de eigenaar boodschappen doet.

Het tijdschrift was *ABC delicious*, dat in oktober 2001 in de Australische kiosken lag. Toen we het feestelijk lanceerden in Sydney en Melbourne, met speeches, vuurwerk, champagne en een oorverdovend optreden van Kylie, beseften we niet dat we een van de grote succesverhalen van de Australische tijdschriftuitgeverij ten doop hielden. Op de cover van het eerste nummer, gefotografeerd door Petrina Tinslay, stond een onweerstaanbare stapel van Bill Grangers karnemelkpannenkoekjes, bedropen met dikke chocoladesaus en glinsterend van de room. Door de zinderend blauwe achtergrond (die korte metten maakte met die oude mythe dat blauw en eten nooit samen op een omslag mogen) en dat opvallende zilveren logo – nu een van de bekendste tijdschriftboegbeelden in Australië – voelde *ABC delicious* ook echt als een nieuw soort culinair blad. Het was eerlijk en recht-doorzee, sprak tegen zijn lezers als een oude vriend en stond boordevol koks en culinaire beroemdheden, van de Britse Jamie Oliver en Nigella Lawson tot lokale favorieten als Bill Granger, Elizabeth Chong, Ian Parmenter en onze eigen culinaire redacteur, de onvergelijkbare Valli Little. Het liep over van de recepten die, eenvoudigweg, heerlijk waren en het zag er verdomd goed uit. Voor een blad dat zich richtte op een groot publiek, had het de kwaliteit en de uitstraling van de meer prestigieuze titels. Het was een simpele formule, die echter nog nooit was vertoond in Australië.

In de maanden en jaren daarna zouden *ABC delicious* en zijn naaste concurrent, het *Donna Hay Magazine* (dat maar een paar weken later uitkwam), juist die tijdschriften overvleugelen die hen als inspiratie hadden gediend: de ooit dominante titels als *Vogue Entertaining + Travel* en *Australian Gourmet Traveller*. De culinaire uitgeefwereld in Australië is nu veranderd, waarschijnlijk voorgoed. Het is een spannend nieuw tijdperk waarin het menens is.

Misschien moet je iets niet te graag willen. Wordt dat niet gezegd? Want dan krijg je misschien wel precies wat je wilt. Ongeveer een jaar na de lancering van *ABC delicious* vond ik mezelf onverwacht en tijdelijk op de hoofdredacteursstoel van *Vogue Entertaining + Travel*, nadat FPC Magazines de licentie van Condé Nast verwierf om de *Vogue*-titels uit te geven in Australië. Het was een tijd van enorme verandering, waarin twee grote uitgeefculturen samensmolten. Voor mij persoonlijk was het een vreemde sensatie ineens aan het hoofd van een blad te staan dat ik zo lang had bewonderd, maar in een onuitwisbaar veranderd tijdschriftenlandschap was het ook een grote uitdaging. Meer dan een kwart eeuw was *Vogue Entertaining + Travel* een opmerkelijke en geïnspireerde publicatie geweest, een blauwdruk voor eet- en lifestylebladen over de hele wereld. Ik was maar een van de vele redacteuren in de bedrijfstak wiens carrière erdoor was beïnvloed. Maar de echte invloed gaat terug op de vooruitziende personen die het lanceerden en groot maakten in die eerste jaren. Ik heb te veel respect voor ze om enig succes ervan op mijn eigen conto te schrijven. Ik was een toevallige hoofdredacteur.

'Wat je nu eet, is kwal,' zei de matriarch van de Australische kookwereld tijdens onze allereerste eetafspraak en ik zweer dat ik een twinkeling in haar ogen zag. Hoe kon ik zo stom zijn de duistere identiteit van die kruidige elastiekjes niet te bevroeden, die in rap tempo mijn luchtpijp blokkeerden? Maar hoe kon Joan Campbell weten dat die Engelsman met zweterige handpalmen tegenover haar maar één fobie had: kwal? Dat kon ze niet weten, toch? 'Heerlijk,' perste ik eruit, met een soort piepende doodsreutel, terwijl mijn ingewanden zich omkeerden. Hopelijk zag Joan de tranen in mijn ogen als tranen van puur genot.

joan campbell

Ik schreef ooit in een Brits blad dat er maar één vrouw was die meer hoofden deed omdraaien als ze een restaurant in Sydney binnenkwam dan Elle Macpherson of Nicole Kidman: Joan Campbell, de legendarische culinaire redactrice van *Vogue Entertaining + Travel*. En dat was geen grap. In de paar restaurants die ik met Joan bezocht tijdens mijn eerste reizen naar Australië (het kwalincident vond plaats in Neil Perry's Wockpool, in Sydneys Potts Point), merkte ik dat de tachtigjarige redactrice zowel werd gevreesd als gerespecteerd door de koks en restaurateurs waar ze altijd voor was opgekomen. Joan was nooit bang om voor haar mening uit te komen en haar minachting voor alles wat in haar ogen pretentieus of kunstmatig was, was net zo verschroeiend als haar lof overdadig kon zijn. Minstens één topkok in Sydney heeft mee moeten maken dat een gerecht door haar werd afgedaan als 'absoluut weerzinwekkend' en onverwijld terug naar de keuken werd gestuurd.

Joan en haar oudste dochter, culinair redactrice en stiliste Sue Fairlie-Cuninghame, hebben een enorme rol gespeeld bij het creëren van de macht en de invloed van Australische eetbladen. En het is nauwelijks overdreven te zeggen dat Joan, die vlak na de lancering, meer dan 25 jaar geleden, bij *Vogue Entertaining + Travel* kwam (toen ze al een eind in de zestig was), die exemplarische tijdschriftpagina's vrij letterlijk aan haar keukentafel schiep. Voor haar (en trouwens voor

veel Australische culinaire redacteurs) niet de luxe van fotostudio's en een horde aan stilisten en diëtisten. In plaats daarvan werden haar recepten gecreëerd, getest en gekookt door haarzelf in haar eigen keuken in Sydney, zorgvuldig op borden gedaan (vaak onder het wakend oog van de art-director en latere hoofdredactrice van het blad, Sharyn Storrier Lyneham) en dan gefotografeerd – op een hoekje van Joans eettafel met alleen het schitterende Australische daglicht als achtergrond. Jarenlang werkten Joan en Sue nauw samen (Fairlie-Cuninghame was culinair hoofdredactie van *Vogue Entertaining + Travel*) en hoewel de verhalen over familievetes boven het fornuis, net als de berichten over Mark Twains dood, waarschijnlijk enorm overdreven zijn, geeft Joan toe dat aan een tijdschrift werken met haar eigen dochter 'zo zijn momenten' had. Een plaats op de eerste rij bij die kookoefeningen zou onbetaalbaar zijn geweest.

Haar grote vriend, de schrijver en commentator Leo Schofield, omschrijft Joan Campbell als 'een enorm positieve kracht'. 'Ze had zeer veel macht in haar rol,' legt hij uit. 'Ze nam een aantal koks onder haar hoede en gaf ze zelfvertrouwen. Ze presenteerde hun eten op een erg sprankelende manier.' Het versterken van het talent van Australische koks was echter maar één kant van het verhaal. Campbells eigen eenvoudige, eerlijke plattelandsmanier van koken (*bush cooking*, zoals zij het noemt: 'Ik ben een *bush cook*.') was direct gericht op de Australische thuiskok. 'Haar presentatie was no-nonsense en dat gaf mensen vertrouwen in een tijd dat koken in mysteriën was gehuld,' zegt Schofield. 'Ze demystificeerde koken. Ik herinner me een buffet waarbij Joan wat lamskoteletten en een bord ham presenteerde, terwijl anderen allerlei rommelig en kliederig spul hadden.'

Sinds de kwalavond zijn Joan en ik vrienden gebleven. Weliswaar heb ik nooit met haar gewerkt en is me daarom een van haar beruchte tirades bespaard gebleven en ik weet zeker dat mijn oordeel als hoofdredacteur nu en dan, buiten mijn weten om, ten prooi is gevallen aan wat het best te omschrijven valt als 'nader Campbell-onderzoek', maar zoals de meesten van ons die met Joan te maken hebben gehad, zijn mijn respect en affectie voor haar zeer oprecht. En ze is een van de meest vilein grappige mensen die ik ken.

Maar God weet hoe ze haar autobiografische kookboek *Bloody Delicious*! in 1997 voor elkaar heeft gekregen. Haar coauteur Catherine Hanger moet engelengeduld hebben of hypnose hebben gebruikt. Joan mag graag vaag doen over haar leeftijd en is zeer terughoudend in interviews, waarbij haar favoriete antwoord op de meeste vragen luidt: 'Ik heb geen flauw idee', en haar opmerkingen over de stand van de Australische keuken gewoonlijk onherhaalbaar zijn, laat staan geschikt om af te drukken. Gesprekken in haar appartement in Sydney worden regelmatig onderbroken door de uitgelaten fratsen van haar geliefde poedel Chandon, die een, laten we zeggen, ferme belangstelling heeft voor mannelijke bezoekers, vooral die van de interviewende soort. Maar volharding loont. Joan Campbell heeft een levendig geheugen, vooral als ze wordt aangespoord door Sue.

'Eten was het enige wat in me opkwam als carrièremogelijkheid,' zegt ze, op een rustig moment, met Chandon achter gesloten deuren. 'En er waren ook periodes in mijn leven dat ik moest koken voor mijn onderhoud.' Het is interessant dat Joan praat over de 'tirannie van de afstand', een zinsnede die je minder vaak hoort in modern Australië, maar die relevant was in haar jeugd, toen de geografische isolatie en uitgestrektheid van het continent de culturele stijl en identiteit bepaalden.

Joan Campbell is geboren in Brisbane, Queensland, maar bracht een groot deel van haar leven door op het platteland van Queensland en New South Wales, steevast omschreven als de *bush*. 'In de *bush* gold de tirannie van de afstand voor bijna alles behalve de eenvoudigste ingrediënten, maar er waren altijd tuinders, vaak recente immigranten, die me exotische groenten leerden kennen, zoals paprika's en aubergines. We hadden aspergebedden, aardappelveldjes, olijfbomen, eindeloze rijen fruitbomen en tafeldruiven, prachtige tomaten met echte smaak, aardperen en paddestoelen van het veld. We karnden zelf dikke room en sneden stukken rund- en lamsvlees af als we ze nodig hadden. Plattelandsvrouwen zijn altijd, en nu nog steeds, enorm gulle koks en geweldige gastvrouwen geweest. We wisselden allemaal recepten uit en concurreerden met elkaar.' Benijdenswaardige vrouwen, die de recepten van Joan kregen. Deze verschijnen nog steeds regelmatig in *Vogue Entertaining + Travel* en zijn tot nu toe in twee boeken verzameld, in het eerder genoemde *Bloody Delicious!* en in *Five Minutes in the Kitchen*.

De Australische kookwereld waar Joan nu over presideert, is erg veranderd ten opzichte van die van haar begin bij *Vogue Entertaining + Travel* in de late jaren zeventig en die van vóór die tijd, toen ze werkzaam was als cateraar en enorme, onvergetelijke feestmalen creëerde voor Leo Schofield en beroemde gasten als prins Charles en Pavarotti. Er zijn de voor de hand liggende veranderingen (zoals betere producten en grotere diversiteit), simpelweg mogelijk gemaakt door betere communicatie, meer kennis en een etnisch gevarieerdere populatie. Maar er zijn ook minder tastbare veranderingen: toegenomen zelfvertrouwen, trots en identiteitsgevoel in de moderne Australische keuken. Joan heeft het allemaal zien gebeuren. Ze erkent 'hoe hard onze koks en horeca hebben gewerkt om een Australische stijl te creëren en hoe succesvol velen van hen nu zijn en over de hele wereld worden gewaardeerd'.

Chandon komt de kamer weer binnen en de hondse chaos keert terug. Er moet een eind komen aan het interview. Ik vraag Joan wat ze wil zeggen tegen de vrienden en collega's die haar hebben omschreven als Australiës invloedrijkste culinaire redacteur en hoop op een laatste uitbarsting van diepe en persoonlijke reflectie. 'Dank je wel,' zegt ze. 'Wat wil je dan dat ik zeg?'

joan campbell

eendsalade

eend
1 kant-en-klare pekingeend of een zelfgebraden eend
4 citroenblaadjes, in reepjes
2 stengels citroengras, alleen de kern, in dunne ringetjes
30 g plakjes gebakken knoflook
6 lente-uitjes, in stukjes van 2 cm
1 eetlepel geraspte verse gember

dressing
sap van 1-2 limoenen
2 theelepels Thaise vissaus
2 theelepels geschaafde palmsuiker
2 eetlepels zoete Thaise chilisaus

om te serveren
2 rijpe mango's, geschild en zonder pit, het vlees in lange repen
bladeren van 3 stronkjes witlof

Haal al het vlees en het vel van de eend, snijd het in kleine, onregelmatige stukjes en doe in een kom. Voeg citroenblad, citroengras, gebakken knoflook, lente-ui en geraspte gember toe.

Meng voor de dressing limoensap, vissaus, palmsuiker en chilisaus in een kommetje.

Besprenkel de eend met de dressing en schep licht om. Voeg mango en witlof toe en schep om. Serveer meteen.

Voor 6 personen

spiering op z'n Aziatisch

beslag
125 g zelfrijzend bakmeel
1 eetlepel arachideolie
1 eetlepel azijn
250 ml melk

500 g verse spiering
3 eetlepels gehakte koriander
4 eetlepels fijngesneden lente-ui
1 eetlepel Thaise vissaus, of naar smaak
zeer fijne reepjes verse gember, naar smaak
1-2 eetlepels fijngesneden rode peper, zonder zaad
arachideolie om te bakken

garnering
korianderblaadjes
Thaise vissaus als dipsaus

Klop voor het beslag meel, olie, azijn en melk glad. Laat 1 uur staan.

Meng de spiering, koriander, lente-ui, vissaus, gember en rode peper.

Verhit genoeg olie in een ruime koekenpan. Meng de spiering door het beslag en laat er, met niet al te veel tegelijk, dessertlepels van in de hete olie vallen. Laat uitlekken op keukenpapier en serveer zo snel mogelijk, gegarneerd met koriander en vissaus als dip.

Voor 4 personen

joan campbell

garnalensalade

salade
1 kg gekookte middelgrote garnalen (gamba's), gepeld en schoongemaakt
1 blik of 500 g waterkastanjes, uitgelekt en in plakjes
60 g ingemaakte roze gember, gehakt als de stukken groot zijn
200 g fijngesneden groene papaja
12 lente-uitjes, in ringetjes

dressing
200 ml kokosmelk
125 ml zoete Thaise chilisaus
1 eetlepel vissaus

om te serveren
een ruime hand korianderblaadjes, om mee te bestrooien

Doe voor de salade alle salade-ingrediënten in een kom, dek af en zet tot gebruik in de koelkast.

Doe voor de dressing de ingrediënten in een afsluitbaar potje en schud tot alles is gemengd.

Strooi voor het serveren de koriander over de salade, besprenkel naar smaak met de dressing en schep licht om.

Voor 6 personen

joan campbell

zomerse aardbeiensoufflés

soufflés
boter om in te vetten
poedersuiker om te bestuiven
400 g schoongemaakte aardbeien, goed geplet
250 g fijne kristalsuiker of witte basterdsuiker
2 eetlepels Fraise de Bois-likeur
12 eiwitten
snufje zout

om te serveren
500 g kleine aardbeien, schoongemaakt en gepureerd in een keukenmachine met suiker naar smaak
geklopte slagroom

Boter voor de soufflés tien soufflébakjes van 185 ml royaal in en bestuif met poedersuiker. Kook de aardbeien met 200 g fijne kristalsuiker of witte basterdsuiker op halfhoog vuur onder regelmatig roeren tot het mengsel jamachtig is, wat ongeveer 30 minuten duurt. Roer er de likeur door, giet het mengsel in een kom en laat afkoelen.

Verwarm de oven voor op 200 °C.

Klop het eiwit met het zout en de overige 50 g fijne kristalsuiker tot stijve pieken. Spatel 2-3 grote lepels ervan door de gekookte aardbeien om het mengsel losser te maken en spatel er dan het resterende eiwit door.

Verdeel het mengsel over de bakjes en maak de bovenkant glad met een pannenkoekmes. Schik de bakjes op een bakplaat en ga dan met de top van je wijsvinger langs de randen van het mengsel en druk het wat in langs de zijkanten van de bakjes. Zo zullen de soufflés gelijkmatig rijzen.

Bak de soufflés midden in de oven en bestuif onmiddellijk daarna met poedersuiker.

Maak één voor één de bovenkanten van de soufflés open, schep er wat aardbeienpuree en slagroom in en serveer meteen.

Voor 10 personen

Nigel Slater en ik zijn van ongeveer dezelfde leeftijd. En we groeiden beiden op in het culinaire niemandsland dat Engeland was in de jaren zestig en zeventig. Hij ergens in het industriële midden en ik aan de zuidoostkust. *Toast*, de prikkelende autobiografie die Slater in 2003 publiceerde en die hem een van zijn veel prestigieuze Glenfiddich Awards bezorgde, roept levendig mijn eigen jeugd op, al betwijfel ik of ik zelf die jaren zo intiem tot de verbeelding had kunnen laten spreken.

nigel slater

Er zijn veel dingen waarvoor ik Nigel Slater de afgelopen jaren dankbaar ben geweest, maar nergens méér voor dan de mogelijkheid weer de smaak te beleven van Walnut Whips, Nesquik, Angel Delight en de zachte, troostrijke pulp die Mother's Pride-brood heette. En me al die geweldige Britse basisspullen niet met weerzin te laten herinneren, maar met diepe affectie en een vreemd gevoel van verlies.

Ondanks de openhartigheid van *Toast* staat Nigel Slater eerder bekend om zijn terughoudendheid. De bebrilde en zacht sprekende schrijver heeft een hele stapel zeer succesvolle kookboeken geschreven, waaronder titels als *Real Cooking*, *Real Fast Food* (aan z'n dertigste druk toe) en *The 30-Minute Cook*. Als jarenlang culinair redacteur van *The Observer* heeft hij waarschijnlijk meer gedaan om die krant elke zondag op de Britse ontbijttafels te krijgen dan de meeste wereldgebeurtenissen. Van alle culinaire journalisten en koks die ik ontmoette op mijn tocht door de straten van Londen halverwege 1997, met het prototype van *Food Illustrated* onder de arm, was Slater degene op wie ik het meest indruk wilde maken, degene van wie ik het meest wilde dat hij het een goed idee vond. In mijn ogen was hij de stem van het Nieuwe Eten in Groot-Brittannië: eerlijke culinaire journalistiek van onberispelijke linkse snit. Hij woonde zelfs in de trendy Islington. Zijn naam móést op onze eerste cover staan. Ik betwijfel of hij weet hoe nerveus ik was, zittend in zijn Londense keuken, waar ik hem uit

alle macht *Food Illustrated* probeerde te verkopen, als een marktkoopman met een koffer vol valse Rolexen. Maar hij stond wél in ons eerste nummer.

We spoelen zeven jaar vooruit en ik deel opnieuw koffie en appeltaart in zijn keuken, behalve dat dit een grotere keuken is in een veel groter huis in een betere buurt, Highbury. Slater is een succesvol man. Het prijswinnende *Toast* is al in handen van scenarioschrijvers in Hollywood, hij is halverwege een promotietour in de Verenigde Staten (waar hij van baalt omdat hij dan gescheiden is van zijn geliefde, maar zieke kat) en het volgende boek ligt op de tekentafel. Excuses voor het cliché, maar Nigel Slater heeft een hele reis afgelegd sinds zijn begin als kok in het Londense afhaalrestaurant Justin de Blank. En op die reis heeft hij heel wat Britten meegenomen, die hem wellicht zien als het rustige alternatief voor koks die lispelen of een diep décolleté hebben.

Nigel Slater mag zelf misschien het spotlicht schuwen, zijn werk is altijd robuust en vol zelfvertrouwen geweest. Voordat hij bij *The Observer* ging werken, was hij culinair redacteur van de Britse *Marie Claire.* De combinatie van simpele, stevige recepten en gewaagde, van de pagina af spattende beelden die hij en fotograaf Kevin Summers creëerden, doorbraken de standaard van voedselpresentatie in Groot-Brittannië.

Slater geeft toe dat zijn stijl de antithese was van de soft focus 'schilderijtjes op een bord' die domineerden in culinaire publicaties aan het eind van de jaren tachtig, een nasleep van het nouvelle cuisine-tijdperk. 'Ik maakte dat rustieke, wat wankel ogende eten misschien wel omdat ik gewoon niet zo'n goede kok ben – het meeste van mijn eten oogt wankel – maar ze [van *Marie Claire*] vonden het prachtig omdat het nieuw en echt was. We aten het eten ook echt op na de foto's.'

In een tijd dat de meeste gerechten die voor een camera kwamen oneetbaar werden door al het gepruts, gefrommel en geverf, moet dat heel wat zijn geweest. De beelden die Slater produceerde, bijna altijd gefotografeerd in de pan, definieerden het voedsel van die periode en veroorzaakten de trek die later werd gestild door Slaters eigen kookboeken en de talloze publicaties van het Londense The River Café. Het was zeer directe fotografie, zonder poging tot kunstmatigheid. Gescheurde blaadjes basilicum en glinsterende olijven lichtjes door pasta geschept, geblakerde rode paprika's besprenkeld met olijfolie en balsamicoazijn: het zijn beelden die me bij zijn gebleven.

Als u ooit Slaters colums hebt gelezen, in *Marie Claire* en daarna in *The Observer*, *Food Illustrated* en *The Sainsbury's Magazine*, of een van zijn talloze boeken, deelt u misschien het beeld dat ik heb van een eenling die verliefd is op zijn keuken, zijn tuin – en op Groot-Brittannië. Hoe ver hij ook duikt in de smaken van India of Thailand, het Engelse blijft hem aanhangen. De *puddings* en pasteien, de taarten en braadschotels. Als ik hem vraag of hij zich voor kan stellen ooit ergens anders te wonen dan in Engeland, of Londen, is het antwoord verrassend: 'O, god ja. Ik heb niet zo'n enorme band met Groot-Brittannië, hoor. Ik zou heel gelukkig zijn in Thailand en ook best in India, hoewel ik het daar zonder kaas moet doen, wat wel erg lastig zou zijn.' Ook verrassend is zijn persoonlijke overtuiging dat er geen echte eetcultuur bestaat in Groot-Brittannië, dat het 'geen onderdeel is van ons DNA. We zijn de eksters van de culinaire wereld, we hebben altijd ideeën van anderen gestolen, zoals de curry, het roerbakken, de pizza, maar ik ben er niet zeker van dat koken deel is van onze ziel, zoals het dat is voor Chinezen bijvoorbeeld, of Italianen.'

Ondanks zijn succes is er een spoor van onzekerheid, dat bij een minder bescheiden en aardige man onoprecht over zou kunnen komen. Hij omschrijft zijn voedsel als 'gewoon iets om te eten, iets lekkers voor het avondeten, niks bijzonders' en voegt daaraan toe dat 'als je een erg serieuze kok bent, je waarschijnlijk niets moet hebben van Nigel Slater'. De recepten die hij twaalf jaar lang voor een loyaal publiek in *The Observer* heeft geschreven, zijn in zijn woorden 'als die grote oude trui die een paar gaten heeft, maar waar je je gewoon comfortabel in voelt'.

Hij wordt treurig van alle *silly food* in eetbladen. 'Het soort eten waarbij iemand naar de juiste plaats is gegaan en de juiste foto's heeft genomen. Daarna zijn ze thuisgekomen en hebben ze de recepten passend gemaakt. Ik houd er ook wel van als iets in een mooie schaal ligt, maar ik moet weten dat wat er in die schaal ligt integer is, dat het hart en ziel heeft.' Bij Slater draait het om eerlijkheid en hij is blij met het steeds grotere belang dat eetliefhebbers hechten aan de herkomst en kwaliteit van hun eten. 'Als je kookt voor iemand van wie je houdt, wil je er zeker van zijn dat wat je serveert puur is. Tien jaar geleden ging ik de deur uit en kocht ik eieren en dat waren gewoon eieren. Nu weet ik verdomme zelfs de naam van de kip, maar daar ben ik dankbaar voor.'

Ik houd enorm van Nigel Slater. Ik houd van zijn recepten. Ik houd van de meeslepende manier waarop hij schrijft en de manier waarop hij, als een schooljongen, nooit helemaal kan kiezen wat zijn favoriete gerecht is. In Slater-land kan er de ene week niets lekkerder zijn dan een gebakken aardappel en zeven dagen later is dat een *steak and kidney pie*. En het meest houd ik van de rustige, onpretentieuze invloed die hij op een bedrijfstak heeft gehad die hem respecteert. Hij is misschien de Toevallige Beroemdheid. 'Ik wil het moment niet beleven dat iemand een blad openslaat, mij ziet en verzucht: "O god, daar heb je hem ook weer."' Dat zal niet gebeuren, Nigel, nooit.

'Ik zou m'n leven in kunnen delen aan de hand van snelle pastarecepten. Dit recept is niet alleen een persoonlijke favoriet, maar vat ook zo'n beetje mijn hele ethiek over koken samen: simpel, snel, fris van smaak, maar tegelijkertijd ook verwarmend en licht decadent.'

linguine met citroen en basilicum

zout
200 g linguine
sap van 1 grote citroen
80 ml olijfolie
75 g geraspte parmezaan
een ruime hand basilicumblaadjes
vers gemalen zwarte peper

Breng een ruime pan water aan de kook. Voeg, als het flink kookt, royaal zout toe en dan de linguine. Laat ongeveer 8 minuten fel doorkoken.

Doe citroensap, olijfolie en geraspte parmezaan in een warme kom (verwarmd onder de warme kraan en dan afgedroogd) en klop met een kleine garde even door tot de saus dik en korrelig is. Scheur het basilicum in stukjes en roer erdoor met wat zwarte peper.

Giet de pasta af en schep snel om met de 'citroen-parmezaansaus'.

Voor 2 personen

nigel slater

'Mijn recepten zijn meestal simpel en rechtdoorzee: het soort koken dat iedereen kan. Vis is mijn favoriete eiwitbron en is altijd het eerste waaraan ik denk als ik boodschappen doe. Dragon ligt misschien niet zo voor de hand bij vis, maar andere anijsachtige smaken doen het tenslotte ook goed, zoals venkel, Pernod en kervel. Dragon groeit volop in mijn tuin en combineert hier schitterend bij.'

schelvis met broodkruim en dragon

2 stukken schelvis van 200 g
120 g min of meer vers witbrood
8 ansjovisfilets
klein bosje dragon
zout en zwarte peper
1 ei
een beetje bloem
arachideolie en een plakje boter, om te bakken

Haal het vel van de vis. Scheur het brood in stukken en maak er in een keukenmachine fijn, zacht broodkruim van. Of gebruik hiervoor een grove rasp. Spoel de ansjovis af, dep droog en hak fijn. Haal de blaadjes van de takjes dragon en roer ze samen met de gehakte ansjovis, wat zout en zwarte peper door het broodkruim.

Breek het ei in een ondiepe schaal of boven een diep bord en klop even los met een vork. Strooi een dikke laag bloem op een ander bord en het gekruide broodkruim op een derde. Doop de vis in de bloem, dan in het ei en tot slot in het broodkruim. Zorg dat beide kanten van de vis bedekt zijn met een dikke laag gekruid broodkruim.

Verhit olie en boter in een koekenpan, het liefst een met antiaanbaklaag. Leg de vis erin als de olie begint te pruttelen en laat op stevig vuur bakken tot de onderkant goudbruin is. Draai om en bak de andere kant. Reken op 3-4 minuten voor elke kant, afhankelijk van de dikte van de vis. Test door er voorzichtig een stukje af te breken.

Laat de vis voor het serveren even uitlekken op keukenpapier.

Voor 2 personen

Boven: schelvis met broodkruim en dragon
Rechts: mijn erg goede brownierecept

'Het lijkt wel of iedere culinaire schrijver een brownierecept heeft en de meesten van ons claimen uiteraard het beste te hebben. Dit is er een waar ik jaren aan heb gewerkt om precies de goede, dunne, krokante korst en het perfecte romige binnenste te krijgen. Geen noten, geen smaakjes, gewoon een 24-karaats brownie met de dichtheid van modder. Wat u er verder aan toevoegt, moet u zelf weten.'

mijn erg goede brownierecept

300 g witte basterdsuiker
250 g boter
250 g pure chocolade (cacaogehalte 70%)
60 g bloem
60 g cacaopoeder
½ theelepel bakpoeder
snufje zout
3 grote eieren plus een extra dooier

U hebt een bakvorm nodig van 23 cm², liefst met antiaanbaklaag. Verwarm de oven voor op 180 °C. Bekleed de bodem van de bakvorm met bakpapier. Klop suiker en boter een aantal minuten met de mixer tot het mengsel bleek en luchtig is. Dan kan ook met de hand, maar u moet wel doorgaan tot het mengsel echt zacht en romig is.

Breek ondertussen de chocolade in stukken, houd 50 g apart en smelt de rest in een kom boven een pan zacht kokend water (de kom mag het water niet raken). Haal van het vuur zodra de chocolade helemaal is gesmolten. Hak de 50 g in schilfers.

Zeef bloem, cacaopoeder, bakpoeder en zout boven een kom.

Breek de eieren in een kommetje. Klop ze met een mixer, eerst langzaam, maar dan steeds sneller. Meng er dan met een grote metalen lepel de gesmolten en gehakte chocolade door en spatel er tot slot de bloem met cacaopoeder door, voorzichtig maar grondig, zonder de lucht eruit te slaan.

Spatel het mengsel in het bakblik, strijk de bovenkant glad en bak 25-30 minuten. De bovenkant zal iets gerezen zijn en de substantie zal in het midden iets zachter zijn dan aan de zijkant. Prik in het midden met een vork; hij moet er plakkerig uitkomen maar zonder ongaar mengsel eraan. Zet als dat wel het geval is de brownie nog 3 minuten in de oven. Denk eraan dat hij nog opstijft bij het afkoelen, dus geen zorgen als hij wat vochtig lijkt.

Voor 12 personen (of voor 2 grote liefhebbers!)

'Als kind hadden we appelbomen in de tuin en ik heb appels ook geplukt als mijn levensonderhoud, dus leek het me logisch dat ik als eerste oude Engelse appelsoorten in mijn eigen tuin plantte. Ze zijn nu vier jaar oud en dragen voor het eerst vrucht. Deze taart is het eerste product dat ik met deze appels maakte. Het is een lage taart die het best zo uit het bakblik kan worden geserveerd, maar hij blijft nog wel een dag of twee goed in aluminiumfolie.'

Engelse appeltaart

125 g boter
125 g witte basterdsuiker
3 handappels
sap van een halve citroen
1/2 theelepel kaneelpoeder
2 eetlepels bruine basterdsuiker + eventueel wat extra
2 grote eieren
125 g bloem
1 theelepel bakpoeder
3 eetlepels vers wit broodkruim

Verwarm de oven voor op 180 °C. Bedek de bodem van een bakblik van 24 cm^2 met een stuk bakpapier. Laat het bakpapier een beetje uitsteken zodat u later de taart aan het papier uit de vorm kunt tillen.

Klop boter en witte basterdsuiker met een mixer licht en luchtig. Snijd de appels in stukjes, verwijder de klokhuizen en leg de stukjes in een kom met citroensap. Schep de appel om met kaneel en bruine basterdsuiker.

Klop de eieren met een vork los en voeg ze bij de boter en suiker. Zeef bloem en bakpoeder boven een kom en spatel ze voorzichtig door het botermengsel. Schep in het bakblik. Leg de gekruide appel op het mengsel en bestrooi met broodkruim en desgewenst met nog wat extra bruine basterdsuiker.

Bak 55-60 minuten. De korstjes moeten mooi bruin zijn en het midden moet stevig zijn. Laat 10 minuten afkoelen voordat u hem uit het blik haalt. Eet warm.

Voor 8 personen

friands $2.80
muffins $4.80
for wines by the glass
or full wine list
please see waiter
~corkage $6 per bottle

Caroline, een vriendin van me, nam me in 1996 mee naar *bills* voor een vroege ochtendkoffie. Elke zenuw in mijn Engelse lijf protesteerde tegen opstaan op zo'n wezenloos uur (het was waarschijnlijk niet vroeger dan 8.30 uur, maar ik herinner me mijn verbazing over het plezier dat Australiërs scheppen in deze bizarre ontbijtrituelen), tot ik het café in kwam en prompt verliefd werd. Niet op Caroline, hoewel ze verrukkelijk is, maar, net als iedereen, op *bills*.

bill granger

Laat me dit in perspectief plaatsen: bills (die eigenwijze kleine 'b' hoort helemaal bij de charme) is een café op een straathoek in Sydneys wat verlopen, maar modieuze stadswijk Darlinghurst. Het is klein – nog geen vijftig couverts bij optimale bezetting – maar zijn reputatie is immens. Mensen die zelfs nog nooit in Australië zijn geweest, hebben van bills gehoord. In zo'n wispelturige stad als Sydney, waar restaurants en cafés komen en gaan als jonge soapsterretjes, is bills een blijvend baken van goed eten, goede koffie, goede smaak en een gewoon goed uiterlijk. Sinds 1993 schijnt de zon door die grote oude Darlinghurst-ramen op de gepolijste houten vloeren, een geboende gemeenschappelijke tafel, verse bloemen, een menu op een schoolbord dat onveranderd blijft (op nu en dan een enkele eetmodegril na) en op de eigenaar van het café zelf, Bill Granger, mét hoofdletters.

Het eerste nummer van *Food Illustrated* in 1998 bevatte een artikel van acht pagina's over bills. Misschien had dat niet gemoeten. Het was misschien zinvoller geweest om Britse lezers te laten zien wat er in de eigen contreien op cafégebied gebeurde in plaats van aan de andere kant van de wereld, maar ik denk dat ik als hoofdredacteur mijn enthousiasme over wat er in de culinaire *scene* van Australië gebeurde wilde delen en iets van dat geweldige zonlicht over de pagina's wilde laten tuimelen. Ik vond niet dat wat Granger in Sydney deed irrelevant was, en gelukkig was een hele generatie caféhouders het met me eens. De eenvoudige bills-formule is wellicht de meest geïmiteerde, van Auckland tot Londen tot San Francisco tot ... Bury St. Edmunds. Tijdens een recent bezoek aan Engeland stuitte ik op een klein café in de achterstraten van dat kleine marktplaatsje in landelijk Suffolk, waar de jonge eigenaar trots onthulde dat Granger zijn held was. Granger kan zich dat oorspronkelijke artikel nog goed herinneren. '*Food Illustrated* had het eerste grote internationale artikel over bills. Er kwamen heel veel mensen in het café met dat blad.'

Samen met zijn bedrijf (bills heeft een zusterbedrijf in Sydneys Surry Hills) is ook Grangers persoonlijke profiel opmerkelijk gegroeid. Hij is nu een bekend gezicht aan beide kanten van de wereldbol door een succesvolle tv-serie, een viertal succesvolle kookboeken en regelmatige columns in bladen als Australiës *ABC delicious* en het Britse *BBC Good Food* en de man straalt charme uit. Hij is zonnig, net als zijn cafés. Hij is ook een gehaaide zakenman, die heel slim (nog vóór zijn bevriende landgenote Donna Hay) het onaangeboorde potentieel van eenvoud doorhad.

'Ik ben geen kok, ik ben niet gewoon een restaurateur, ik ben niet gewoon een kookboekenschrijver. Wat ben ik?' peinst Granger in zijn koele kantoor achter het oorspronkelijke café. 'Een bon-vivant misschien?' Ik weet het niet, maar bij mij roept dat woord altijd beelden op van wijndoordrenkte, sigaarzuigende excessen. Je kunt je nauwelijks iemand voorstellen die minder op een hollebolle Gijs lijkt dan de bijna cherubijnachtige Granger, die een gezondheid en vitaliteit uitstraalt die doorgaans worden geassocieerd met onthouding. Maar hij heeft zeker de panache van een bon-vivant. Voor een groeiend imperium van cafés plus uitdijende mediaverplichtingen en een veeleisend kookboekenschema zijn een team van fulltime administratief personeel nodig en een toegewijde directeur. Dat is bills Inc.

'Ik ben nooit alleen geïnteresseerd geweest in het eten op het bord,' verklaart hij. 'Ik ben geïnteresseerd in het interieur van het restaurant, in wat de kelners dragen, het totaalpakket. Wat je rond het eten dóét.'

Niet verrassend voor een man wiens passie de totaalervaring is, noemt Granger Terence Conran als belangrijke inspirator. 'Hij was de eerste visionair die het allemaal samenvoegde. Ik vond het geweldig wat hij deed. Ik heb het gevoel dat Conran graag in restaurants eet en dus gewoon restaurants creëert die hij prettig vindt. Hij heeft de manier waarop mensen eten en leven veranderd, hij heeft zoveel invloed gehad.'

'Mijn eten is het eten dat ik graag eet, het is heel erg persoonlijk,' gaat hij verder. 'Ik houd niet van bewerkt voedsel of van ingewikkelde smaken. Ik heb veel liever de zuiverheid van echte ingrediënten. Ik wil de dingen ingetogen houden.'

Dat is het eten waar Grangers klanten voor terug bleven en blijven komen. Iedereen is een fan, iedereen heeft een favoriet bills-ontbijtgerecht, of dat nu het beroemde roerei is (naar aanleiding waarvan R.W. Apple in *The New York Times* Granger kroonde tot 'eiermeester'), de al even befaamde warme kussentjes ricottadeeg met verse banaan en honingboter, de maïskoekjes met gegrilde tomaat of de delicate lunchlinguine met verse zeevruchten. 'Mensen werden boos toen we het menu wilden veranderen,' grapt hij. 'Maar het mooie aan ontbijt is dat het geen modieus maal is, het verandert niet. We willen nog steeds pannenkoekjes en roerei.'

Menige Australische beroemdheid heeft in het buitenland uiting gegeven aan een verlangen naar bills. Donna Hay, wedijverend met Granger als 's lands officieuze lifestyle-ambassadeur, heeft bekend altijd eerst naar bills te gaan als ze weer thuis is in Sydney. En toen culinair journalisten Jill Dupleix en Terry Durack naar Londen verhuisden, had het vinden van een lokale equivalent hun prioriteit. Dat is niet gelukt.

Granger wordt vaak omschreven als een typische inwoner van Sydney (ondanks dat hij oorspronkelijk uit Melbourne komt) en hij lijkt inderdaad de verpersoonlijking van de energie en het optimisme van zijn adoptiestad. Zijn drie jonge dochters – Edie, Ines en Bunny – werden allemaal in Sydney geboren en ondanks de aantrekkingskracht van Europa, waar hij steeds meer tijd doorbrengt, ligt Grangers hart in de havenstad. 'Londen zou wel leuk zijn, maar ik houd van de kwaliteit van leven hier, ik mag graag elke morgen kunnen zwemmen of langs het strand lopen. Het geeft me een fundament en dat is belangrijk voor me. Toen ik uit Melbourne verhuisde, werd ik verliefd op de achteloosheid van Sydney. Het is een verleidelijke stad, waar de luchten altijd blauw zijn. Door Sydney ben ik echt mijn Australische identiteit gaan omhelzen. Ik ben gepassioneerd over Australië.'

Er zijn veel aantrekkelijke kanten aan Bill Granger, maar het allerаantrekkelijkst is zijn optimisme. Veel van zijn zinnen beginnen met: 'Het mooie van (...) is...' Deze man houdt van zijn leven en van wat hij ermee doet. Is hij ambitieus? Gedreven? Je hoort zelden kritiek op Granger, maar in dat zeldzame geval, gaat het meestal over controle, vaak de achilleshiel van creatieve geesten.

'In de begintijd wilde ik gewoon een klein café openen, maar ja, ik was nogal gedreven. Ik had een hekel aan werken voor andere mensen omdat ik dan niet de controle had. Ik had altijd al heel scherp voor ogen hoe ik de dingen wilde hebben, van de stoelen en het eten tot de manier waarop het werd geserveerd: alles. Ik houd ervan als dingen mooi zijn. Eten ís mooi.'

Ik vraag hem naar wat hij hoopt voor het volgende decennium. 'Hopelijk maak ik nog steeds goed eten dat bereikbaar is voor iedereen. Ik denk dat als je iets gezonds hebt geproefd en vers, zuiver voedsel hebt gegeten, het echt lastig is om met minder genoegen te nemen.' Hij kijkt even peinzend voor zich uit. 'Als ik een boerderij midden in de stad zou kunnen hebben, zou ik erg gelukkig zijn.'

roerei

2 eieren
80 ml schenkroom
snufje zout
10 g boter

Klop eieren, room en zout in kom.

Smelt de boter in een koekenpan met antiaanbaklaag op hoog vuur maar laat hem niet verbranden. Giet er het eimengsel in en bak 20 seconden of tot de randen een beetje zijn gestold. Roer de eieren met een houten lepel door het eimengsel voorzichtig van de randen naar het midden van de pan te brengen. De eieren moeten eerder worden gespateld dan geroerd. Laat nog 20 seconden bakken en herhaal het spatelproces. Schep op een bord als de eieren net zijn gestold (bedenk dat ze nog doorgaren buiten de pan) en serveer met warme toast.

Voor 1 persoon

Als u voor meer dan 2 personen roerei maakt, doe dat dan in porties omdat anders de pan te vol wordt.

kreeftsandwich

limoenmayonaise
125 g mayonaise
2 eetlepels vers bieslook
2 eetlepels limoensap
zeezout
vers gemalen zwarte peper

1 casinobrood, gesneden
800 g gekookt kreeftenvlees, in plakjes (met grote garnalen is het ook heerlijk)
1 klein komkommertje, geschild en in dunne plakjes
1 ruime hand korianderblaadjes

Meng voor de limoenmayonaise mayonaise met bieslook en limoensap en breng royaal op smaak met zout en peper. Smeer een laag mayonaise op één kant van de helft van de boterhammen en bedek met stukken kreeft, komkommer en wat koriander. Dek af met de overige boterhammen en serveer.

Voor 4 personen

kokosbrood

2 eieren
300 ml melk
1 theelepel vanille-essence
300 g bloem
2 theelepels bakpoeder
2 theelepels kaneelpoeder
230 g fijne kristalsuiker of witte basterdsuiker
150 g kokosrasp
75 g boter, gesmolten

om te serveren
boter
poedersuiker

Verwarm de oven voor op 180 °C. Klop eieren, melk en vanille licht door elkaar.

Zeef bloem, bakpoeder en kaneel boven een kom, voeg suiker en kokos toe en meng. Maak een kuiltje in het midden en roer er geleidelijk het eimengsel door tot alles is gemengd. Voeg de gesmolten boter toe en roer tot het mengsel net glad is, maar meng niet te lang.

Giet in een ingevet en bebloemd cakeblik van 21 bij 10 cm en bak 1 uur in de oven of tot het brood gaar is (controleer met een prikker).

Laat 5 minuten afkoelen in het blik. Haal het brood uit het blik en laat het verder afkoelen op een rooster. Serveer in dikke plakken, getoast, beboterd en bestoven met poedersuiker.

Voor 8-10 dikke plakken

scharrelkipschnitzel met een salade van tomaat en geconserveerde citroen

4 scharrelkipfilets
160 g vers broodkruim
10 g gehakte peterselie
20 g gehakte kervel
10 g gehakt oreganoblaadjes
1 theelepel zeezout
vers gemalen zwarte peper
2 eieren
125 ml melk
250 g bloem
1 eetlepel boter
80 ml olijfolie

salade met tomaat en geconserveerde citroen
4 vlees- of romatomaten, in parten
4 lente-uitjes, in ringetjes
20 g peterselie, fijngesneden
1/2 bosje waterkers
2 eetlepels olijfolie
1 eetlepel citroensap
1 eetlepel geconserveerde citroen, in blokjes
50 ml wittewijnazijn

Leg de kipfilets op een snijplank en maak ze wat platter met een vleeshamer. Meng broodkruim, kruiden, zout en peper in een kom. Klop in een andere kom eieren en melk licht door elkaar. Doe de bloem in weer een andere kom.

Doop de kip eerst in de bloem, dan in het eimengsel en tot slot in het broodkruim. Ga door tot alle kip goed is bedekt.

Verhit de boter en olijfolie in een ruime koekenpan met antiaanbaklaag op halfhoog vuur. Leg genoeg kip in de pan om de bodem te bedekken, maar maak hem niet te vol. Bak 3-4 minuten of tot de kip aan één kant goudbruin is. Draai om en bak nog 3-4 minuten. Haal uit de pan en houd warm tot alle kip is gebakken.

Doe voor de salade alle ingrediënten in een schaal, voeg naar smaak zwarte peper toe en schep voorzichtig om.

Verdeel de salade over vier borden. Leg de warme kip op een snijplank en snijd doormidden. Schik de kip op de borden met de salade en serveer.

Voor 4 personen

Tamasin Day-Lewis en ik zijn het er niet over eens hoe we elkaar ontmoetten. Ik prefereer mijn versie: begin 1998 las ik een fragment van haar prachtige boek *West of Ireland Summers* in een Britse zondagskrant en ik werd getroffen door de soepele, lyrische manier waarop ze eten, locaties en herinneringen combineerde. Er zat een kwaliteit in Tamasins stijl die me ertoe aanzette haar op te sporen, in de overtuiging dat haar geluid precies was wat we nodig hadden in *Food Illustrated*. De meer prozaïsche Day-Lewis-versie is dat zij me heeft opgespoord nadat een vriendin een advertentie van het blad in een zondagskrant zag en suggereerde dat ze daar misschien wat voor zou kunnen doen.

tamasin day-lewis

In elk geval ontmoetten we elkaar en ontdekte ik dat deze Engels-Ierse vrouw met haar wilde haar en donkere patriciërsuiterlijk, Engelse kostschooluitspraak en een verslaving aan Manolo Blahnik-schoenen in levenden lijve net zo innemend was als in druk. Haar op een rustige manier indringende portretten van culinaire beroemdheden zoals Nigella Lawson, Egon Ronay, restaurateur Alastair Little, de Amerikaanse culinair criticus Jeffrey Steingarten en haar grote vriend, de Ierse chef-kok Richard Corrigan werden een regelmatig onderdeel van het blad.

Later ontdekte ik dat we een ongebruikelijke band hadden. Tamasins grote leermeester is wijlen de Engelse kok en restaurateur George Perry-Smith, wiens restaurant in Bath, The Hole in the Wall, legendarisch is. Ze ontmoette Perry-Smith diverse keren en bekent dat ze 'vrijwel alles' aan hem te danken heeft. In zijn laatste jaren dreef Perry-Smith een restaurant genaamd The Riverside in Helford, in een uithoek van Cornwall in Engelands uiterste zuidwesten. In mijn jeugd bracht ik daar mijn vakanties door en ik kan me herinneren dat mijn ouders ons (waarschijnlijk in dezelfde tijd dat de jonge Tamasin Day-Lewis er haar eerste bezoek bracht), om de vakantie feestelijk af te sluiten, meenamen naar The Riverside. Anders dan Day-Lewis was mijn dertienjarige ik gelukzalig ontwetend over wie mijn lunch bereidde en ik kan me nauwelijks herinneren wat ik gisteren at, laat staan in 1975, maar zij verzekert me dat het niets minder geweest moet zijn dan Perry-Smiths gebruikelijke 'fantastische eten zonder tierelantijnen'. Misschien wel zijn *signature dish*: zalm *en croute* met gember en rozijnen.

Geruime tijd later, op een herfstavond in de keuken van haar zestiende-eeuwse landhuis in Somersets glooiende Quantock Hills, kookt Day-Lewis voor ons een diner van korhoen (ze had me die morgen in paniek opgebeld in Londen, in de vreemde veronderstelling dat Australië een vegetariër van me had gemaakt) en biologische wortelgroenten uit haar eigen tuin. Haar stemming is afwisselend strijdvaardig en ontspannen. Ze wordt erg snel boos over heel veel zaken, waarvan de meeste met eten te maken hebben, maar ze weet wanneer ze doordraaft en de schitterende hese lach, die mijn moeder omschreven zou hebben als 'vuil', is het gebruikelijke eindsignaal. Ze veracht de bemoeienis van wat ze de 'eetpolitie' noemt: overheidsorganen die de overlevingskansen van ambachtelijke voedselproducenten bedreigen ('Er is nog nooit iemand doodgegaan van een ongepasteuriseerde kaas') en ook de Britse supermarkten krijgen ervan langs. 'Ze zijn een ramp, een volkomen ramp; ze hebben mensen het besef ontnomen hoe voedsel zou moeten smaken.'

We delen een fles van de beste champagne (in feite de enige) die ik in de dorpswinkel kon vinden. '*Slainthe*!' (Gaelic voor 'proost!') lacht ze tijdens een korte pauze achter het Aga-fornuis. Met gevaar voor eigen leven vraag ik of ze zichzelf ziet als voedselactiviste, zoals Darina Allen in Ierland en Stephanie Alexander in Australië. Ze stikt bijna in haar Moët. 'Het moment waarop ik zoiets hoor, kom ik in opstand!' Hoewel ze een groot fan is van zowel Allen als Alexander vindt ze labels 'belachelijk'. 'Als ik mezelf een voedselactiviste zou noemen, denk ik dat ik de weg volledig kwijt was, dat ik mezelf veel te serieus nam.' Ze is dan wel geen activiste, maar Day-Lewis wil wel toegeven dat ze een 'voedselfascist' is, wat in mijn oren een stuk onheilspellender klinkt.

Op de universiteit besloot ze 'nooit meer slecht voedsel te eten' en haar aandringen op kwaliteit en integriteit grenst aan fanatisme. Ze geeft zelf toe dat ze is geobsedeerd door alles en er geen been in ziet dertig, veertig of vijftig kilometer te rijden voor de perfecte kaas of dito brood.

Ja, natuurlijk kregen haar kinderen (ze heeft er drie: Harry, Miranda en Charissa) toen ze klein waren vissticks en witte bonen in tomatensaus, maar de bonen waren zelf geweld en de tomatensaus was vers en biologisch. 'Als ze vriendjes over de vloer hadden, maakte ik een ongelooflijke zelfgemaakte pizza met mijn eigen biologische deeg en dan zeiden ze: "Alsjeblieft, mevrouw Biologisch, kun je daar niet mee ophouden? Waarom kun je niet iets uit de diepvries trekken, zoals normale moeders doen?"'

Het was nooit de bedoeling van eten een carrière te maken, hoewel haar jeugd ervan doortrokken was. Ze herinnert zich de trips naar het geliefde graafschap Mayo. 'Meiraapjes, kool, uien, wortels, aardappelen, *Irish stew* en nog eens *Irish stew*. Dan [haar broer, de acteur Daniel Day-Lewis] en ik vingen makreel en verkochten die op de kade voor een penny per stuk.' Na haar afstuderen aan Cambridge University werkte Day-Lewis, dochter van wijlen de Engelse *poet laureate* Cecil Day-Lewis, eerst voor de tv en daarna werd ze filmmaakster. 'Ik was altijd gepassioneerd over koken maar ik dacht nooit dat ik genoeg zou weten of het genoeg wilde doen om ervan te kunnen leven. Ik leer nog steeds hoe ik moet koken.' Haar loopbaan als culinair schrijfster is vrij jong, voortspruitend uit het succes van haar boeken (ze heeft er vijf gepubliceerd sinds 1997) en haar columns in de weekendeditie van de *Daily Telegraph*.

Maar in een gesprek geeft ze vaak de indruk dat ze worstelt met haar rol als culinair schrijfster. Ze kan heel vreemd verontschuldigend klinken. 'Culinaire journalistiek is niet echt een serieus beroep. Mensen vragen me voortdurend: "Wanneer ga je je roman schrijven?" alsof wat ik doe maar flauwekul is.' Je vraagt je af of de familienaam wat te zwaar op haar schouders drukt. Haar keukenplanken kreunen onder het gewicht van de boeken van schrijvers die ze bewondert, zoals Claudia Roden, Marcella Hazan, Simon Hopkinson, Jane Grigson, Elizabeth David en M.F.K. Fisher. Dit zijn de mensen die de integriteit en eenvoud uitdragen die ze van haar eigen werk verlangt. Als ik erop wijs dat de laatste drie al jaren dood zijn en dat ze zou kunnen overwegen zelf een van hun mantels over te nemen, wuift ze mijn suggestie snel weg. Niettemin vind ik dat Day-Lewis' werk die pittige mix van herinnering, locatie en traditie heeft die ook dat van Elizabeth David doortrok. Ierland is de Middellandse Zee voor Day-Lewis en haar evocatie van het broeierige landschap van Mayo is betoverend.

'Ik ben geïnspireerd door traditionalisten die niet uit het oog hebben verloren waar het om gaat bij goed voedsel,' legt ze uit als we over haar inspiratie spreken. De eerder genoemde Richard Corrigan en Marcella Hazan vallen in die categorie. Met een handvol hedendaagse chef-koks die zich onledig houden met 'schuimpjes en moussejes en andere walgelijke zaken' wordt op dezelfde boosaardige manier korte metten gemaakt als met de eet-politie. 'Ik vind het allemaal bullshit.' Het is haar eigen eetfilosofie (waarschijnlijk niet een term die zij zou gebruiken) om 'de beste ingrediënten te vinden en er zo min mogelijk mee te doen, ze alleen maar meer naar zichzelf te laten smaken'.

'Ik vind dat eten een van de belangrijkste zaken in het leven is. Er is absoluut geen groter liefdesgebaar dan voor iemand een goed diner koken.' Boven het sublieme korhoen dwaalt ons lichtelijk met wijn doordrenkte gesprek langzaam af naar sonnetten (ze mag ze graag schrijven), de wereldvleesconsumptie ('Gevaarlijker dan atoomkracht') en Jamie Oliver ('Hij heeft ervoor gezorgd dat een hele generatie van mensen zoals mijn zoon Harry het *cool* vindt om te koken'). Dan komen we op kaas terecht. De ogen van Day-Lewis flitsen. 'We weten er zo weinig van ['wij', dat is dan de meerderheid van de Britten...], we weten niet eens hoe we een kaasplank moeten samenstellen. We weten niet of je een rijpe schapenkaas wel naast een verse geitenkaas kunt leggen. Wat mankéért ons?'

Ze draaft door, maar terecht.

'Het ultieme troostrijke recept, even goed voor parelhoen als voor een sappige, biologische scharrelkip. De kip wordt zachtjes gepocheerd in bouillon en de saus wordt gemaakt van witte wijn, bouillon, room, gruyère en Franse mosterd. De echte basis van het gerecht is echter de confetti van dragon, zó veel dat je denkt dat het waanzin is, maar dat is het niet.'

kip savoyarde

voor de kip
1 biologische kip van 2 kg
2 uien, gepeld en in 1 daarvan
2 kruidnagels
2 wortels, geschild en in de lengte gehalveerd
3 stengels bleekselderij, in tweeën
2 preien, schoongemaakt en goed gewassen
2 blaadjes laurier
2 takjes tijm
zout

voor de saus en het afmaken
50 g boter
50 g bloem
400 ml pocheerbouillon
300 ml droge witte wijn
250 ml room
100 g geraspte gruyère
1 eetlepel dijonmosterd
50 g dragonblaadjes, gehakt
zout en peper
50 g vers broodkruim
25 g geraspte parmezaan

Doe de kip samen met de groenten, kruiden en het zout in een ruime pan. Pocheer zachtjes gedurende 1½ uur en schep eventueel schuim dat naar boven drijft af. Haal de gekookte kip uit de pan en laat afkoelen. Giet de bouillon door een fijne zeef en gooi alle vaste resten weg. Laat rusten en verwijder eventueel vet aan de bovenkant met een paar vellen keukenpapier.

Haal al het vlees van de kip (gooi het vel weg en verwijder pezen uit de drumsticks) en snijd in grote eenhapsstukken.

Smelt voor de saus de boter, voeg de bloem toe en warm 3 minuten door zonder te laten bruinen. Voeg geleidelijk de warme pocheerbouillon, witte wijn en room toe en roer tot het mengsel dik is. Roer er gruyère, mosterd en dragon door, voeg naar smaak zout en peper toe en laat 20 minuten sudderen.

Verwarm de oven voor op 230 °C. Doe de kip in een beboterde ovenschaal, giet er de saus over en bestrooi met broodkruim en parmezaan. Bak 20-25 minuten in de oven of tot het gerecht goudbruin is en aan de zijkanten borrelt. Serveer met nieuwe aardappelen met boter en een knapperige groene salade.

Voor 6 personen

'Ik heb een boek over taarten geschreven, maar als ik één taart moest kiezen als dé taart van alle hartige taarten, zou het deze zijn. Hij heeft die Provençaalse toets van olijfolie, met verse kruiden als basilicum, peterselie, rozemarijn en tijm. Er gaat ook wat dijonmosterd bij en wat gesmolten gruyère om u te verrassen. En de bovenlaag is een schilderij op zich: rijen rijpe tomaten, afgewisseld met romige geitencamembert en bestreken met kruidige olie. Een salade met tuinbonen en groene asperges maakt hem chiquer, een simpele groene salade juist eenvoudiger.'

kruidentaart met tomaat en geitencamembert

kruidige olie voor het bestrijken
125 ml extra vergine olijfolie
2 theelepels fijngehakte rozemarijn
2 theelepels tijm
2 theelepels fijngehakt basilicum
2 theelepels venkelzaad
2 theelepels fijngehakte bladpeterselie
1 teen knoflook, geplet
zout en zwarte peper
1 laurierblaadje

korstdeeg
270 g biologische bloem
80 g boter
2 eetlepels extra vergine olijfolie, of zoveel als nodig is
snufje zout

vulling
1 eetlepel dijonmosterd
100 g gruyère, geraspt
1 dozijn biologische tomaten, in plakken
4 kleine geitencamemberts

Meng alle ingrediënten voor de kruidige olie in een pot of kom en laat zo mogelijk een nacht, maar minstens een paar uur staan.

Maak het korstdeeg met uw beste olijfolie in plaats van water – u hebt misschien meer nodig dan 2 eetlepels. Koel het deeg, rol het daarna uit en bedek de bodem van een taartvorm van 30 cm ermee.

Verwarm de oven voor op 190 °C en leg een bakplaat in de oven.

Smeer de mosterd over de taartbodem en bestrooi met gruyère. Bedek afwisselend en elkaar overlappend met plakken tomaat en geitenkaas in concentrische cirkels en bestrijk met twee derde van de olie. Bak de taart 35 minuten op de voorverwarmde bakplaat in de oven; hij moet omhoogkomen, goudbruin zijn en borrelen. Haal uit de oven, bestrijk met de rest van de olie en laat minstens 10 minuten afkoelen voordat u hem uit de vorm haalt en serveert.

Voor 6 personen voor een diner, voor 8 voor een lunch

Links: kruidentaart met tomaat en geitencamembert
Boven: Siciliaanse paprika's

'Een allereenvoudigst voorgerecht als herinnering aan de warmte en de zomerzon (die je nooit hebt in Engeland!), boordevol knoflook, ansjovis, peterselie en uw beste peperige olijfolie. Het kan een week in de koelkast worden bewaard en te voorschijn worden getoverd bij onverwachte bezoekersinvasies.'

Siciliaanse paprika's

4 rode paprika's
1 ui, in dunne ringen
2 tenen knoflook, fijngehakt
3 eetlepels van de beste extra vergine olijfolie
zeezout
1/2 biologisch groentebouillonblokje
2 eetlepels van de beste balsamicoazijn (gerijpt, fluwelig, zwart en zacht)
klein bosje verse oregano
18 glanzende zwarte olijven van de beste kwaliteit, gehalveerd en ontpit
4 ansjovisfilets in olijfolie
1 1/2 eetlepel gezouten kappertjes, afgespoeld met koud water
zwarte peper

Gril of blaker de paprika's tot ze helemaal zwart en zacht zijn en laat ze afkoelen. Het vel moet nu makkelijk af te pellen zijn. Snijd de ontvelde paprika's in lange repen.

Stoof ui en knoflook in olijfolie in een afgedekte pan met een beetje zout en een paar eetlepels water. De ui moet zacht worden als puree. Verwijder dan het deksel en laat koken tot de ui goudbruin is, wat zo'n 40 minuten duurt. Voeg de reepjes paprika, het verkruimelde bouillonblokje en de balsamicoazijn toe. Kook, zonder deksel, nog 30 minuten onder af en toe roeren. Voeg nog 1 of 2 eetlepels water toe als het mengsel dreigt uit te drogen.

Voeg alle andere ingrediënten toe en kook nog 20 minuten door op zeer lage temperatuur; bij langer koken wordt de ansjovis bitter.

Serveer de paprika's warm of op kamertemperatuur met goed stokbrood, of bij wild of een koud gebraad.

Voor 4 personen

'Mijn kookleven heeft zich altijd afgespeeld in een keuken waarin mijn beste kookvrienden samen met mij kunnen koken. We plannen onze weekends als culinair militaire campagnes. Gerechten ontstaan door een soort osmose, terwijl we bespreken hoe en wat we gaan doen. Dit sensationele ijs ontstond doordat we geen zin hadden om een torta de Santiago *te maken. De amandelen en de kweepeergelei bleven, de rest werd ter plekke verzonnen.'*

kweepeerijs met amandelpraliné

225 g kweepeergelei (*membrillo*)
2 eetlepels citroensap
1 eetlepel oloroso-sherry
300 ml slagroom
140 g geblancheerde en ontvelde, hele amandelen
50-80 g witte basterdsuiker

Smelt de gelei zachtjes in een pan met citroensap, een scheutje water en de sherry.

Klop de slagroom tot hij wat dikker is, maar nog niet stijf.

Strooi de amandelen in één laag in een koekenpan met antiaanbaklaag op laag vuur en strooi er de suiker over. Roer zodra de suiker smelt, tot het geheel de kleur krijgt van butterscotch, maar niet donkerder. Haal meteen van het vuur en giet op een ingevette bakplaat. Laat stollen en hak dan in stukjes en brokjes.

Spatel de room door het *membrillo*-mengsel, spatel er dan ongeveer een derde van de amandelpraliné door en zet in de vriezer. Zet 30 minuten voor het serveren in de koelkast en geef er een schaaltje van de resterende praliné bij om eroverheen te strooien.

Voor 4-6 personen

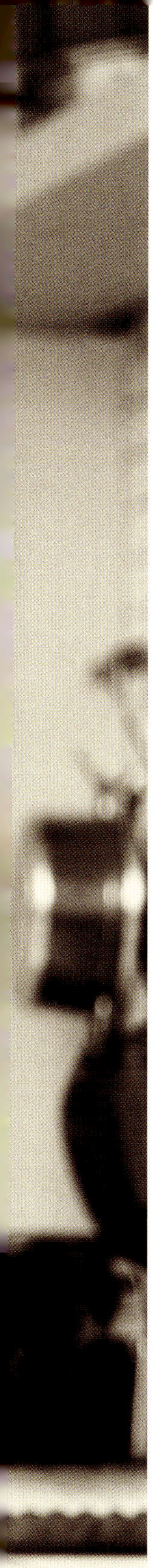

terence conran

Ik heb twee vellen papier, gedateerd 9 maart 1998, met de simpele kop '*Food Illustrated*: commentaar'. Het is een commentaar dat pagina voor pagina de inhoud van het eerste nummer behandelt, gericht aan de uitgever van het blad, John Brown, en dat varieert van 'vrij saai' (pagina 19, een restaurantkritiek geschreven door ene Neale Whitaker) tot 'saai' en 'oké'. De inhoudspagina kreeg 'vrij aardig en duidelijk', terwijl culinair schrijver Simon Hopkinsons lofzang op de *sticky toffee pudding* van wijlen Francis Coulson – goddank – werd beoordeeld met 'goed, charmant en anders'. Het artikel over Sydneys Bill Granger kreeg 'uitstekend, erg smakelijk' mee, wat me eraan herinnert dat deze criticus altijd al de Australische aanpak heeft bewonderd. Samenvattend stelde de criticus dat hem 'het algehele gevoel van het blad beviel', maar dat de inhoud hem 'te mager' was. 'Het hoeft niet zoveel tekst te bevatten als *Vanity Fair* of *The New Yorker*, maar ik heb echt meer informatie nodig.' In het volgende nummer kreeg hij die. Als sir Terence Conran kritiek heeft op je blad, dan luister je.

Er is iets met Terence Conran dat ervoor zorgt dat je je das rechttrekt, je schoenen poetst en fatsoenlijk spreekt. Je voelt dat hij er niet over zou peinzen iets anders voor jou te doen. En misschien is het een teken van goed ouderwets respect dat ik, op weg van Londen naar zijn Engelse landgoed op een van die naargeestige, halfduistere herfstdagen, een nerveuze dwang voel om mijn vragen keer op keer te repeteren en mijn lichaamstaal te oefenen. God weet wat ze van me dachten in de trein naar Kintbury. Maar zit je in een gesprek met een lifestyle-goeroe die meer dan dertig jaar ouder is ontspannen in je stoel, een gelijkwaardig niveau suggererend, of zit je dan op het puntje van je stoel als een gretige leerling-journalist? En de hemel verhoede dat hij me herinnert als de schrijver van saaie restaurantkritieken.

Ik geloof niet dat Terence Conran het woord 'lifestyle' heeft bedacht, maar hij vond wel het concept uit en maakte ons er allemaal mee vertrouwd. Via zijn Habitat-imperium, zijn internationale netwerk van hotels, restaurants en bars en de emblematische Conran Shops is hij voorvechter geweest voor beschaafd goed design en integriteit, waarvan de wereldwijde invloed, van het winkelbedrijf en de uitgeverij tot restaurants en binnenhuisarchitectuur, onmetelijk is geweest. Zijn critici mogen 'conranizering' soms afdoen als gedistingeerde eenvormigheid, met name als het over de Londense restaurant-*scene* gaat, maar ik ben er zelf van overtuigd dat Conran de Britse lat hoger heeft gelegd en Groot-Brittannië – en met name Londen – zichzelf heeft helpen herdefiniëren als een trotse en vernieuwende culinaire hoofdstad.

Terence Conran (hij werd geridderd in 1983, maar wordt liever aangesproken met Terence) is 74 jaar. Dat is een veelbetekenend feit als je stilstaat bij het gezelschap dat hij in zijn leven heeft gekend – de schrijvers en kunstenaars, societyfiguren en ontwerpers – maar het is irrelevant voor zijn huidige werk. Een gesprek met deze man, die de beroemde uitspraak deed dat hij nooit met pensioen zou gaan, voelt stimulerend, hedendaags en actueel. Hij heeft ook een vrij opmerkelijk geheugen.

Ik dacht altijd dat Conrans betrokkenheid bij restaurants een logisch uitvloeisel was van de Habitat-designwinkels die hij in 1964 oprichtte. Niet dus.

Het blijkt dat zijn relatie met eten begon met een nederige carrière als *plongeur* – een afwasser – in een Parijs' restaurant in het begin van de jaren vijftig, waar hij ontdekte (en hij zegt dit met een twinkeling in zijn ogen) dat 'chef-koks ongelooflijk onaangename oplichters en dieven' waren.

Dat feit weerhield hem na zijn terugkeer in Londen niet van het openen van een café genaamd The Soup Kitchen, dat vier verschillende soorten soep serveerde, stokbrood (destijds onbekend in Londen) en een 'erg goede appelflan van mevrouw Truman in Bethnal Green'. Maar het geheime ingrediënt van The Soup Kitchen was Londens tweede espressomachine (een tweedehandse Gaggia, meegebracht uit Turijn), die onwaarschijnlijk exotisch geweest moet zijn in het naoorlogse Londen van vijftig jaar geleden. (Londens eerste machine zou in Knightsbridge hebben gestaan, in een café genaamd Mocambo, en ik vermoed dat dit de enige keer in Conrans carrière is geweest dat hij ergens niet als eerste mee kwam.)

Conran bezigt een schitterend en vaak kwaadaardig woordgebruik, uitgesproken met die zorgvuldige dictie van een verdwenen Groot-Brittannië. Als ik vraag wat hem in eerste instantie aantrok tot eten, pauzeert hij even voordat hij antwoordt: 'Mijn moeder. Ze stak een tiet in m'n gezicht en zei "Zuig."' Schaterlach. Hij stelt dat door die armoedige maanden als jongeman in Parijs, met zijn armen in de gootsteen, 'de kakkerlak in het bloed werd opgenomen, waardoor ik werd gefascineerd door restaurants. De theaterkant van restaurants is erg belangrijk, de opwinding die je krijgt bij het zien van een restaurant vol mensen die het naar hun zin hebben, is als wat een acteur voelt die op het podium naar het publiek kijkt.' Denkend aan sommige 'theaters' die Conran in de loop der jaren heeft gecreëerd, zoals Quaglino's en Mezzo, volgens zeggen Europa's grootste restaurant toen het zijn deuren opende in 1995, realiseer je je hoe groot de impact van die dagen in Parijs moet zijn geweest. Buiten dat heeft hij altijd plezier gehad in de manier waarop zijn verschillende carrières als restaurateur, ontwerper, meubelfabrikant en winkelier zich verstrengelden.

Zoals zoveel mensen die ik aan beide kanten van de wereld sprak voor dit boek, noemt Conran Elizabeth David als belangrijke inspiratiebron (ze was de enige culinair schrijfster wier boeken hem in bed deden blijven lezen, 'met een knap meisje naast me', wat, denk ik, een compliment is voor David), samen met Michel Guerard en Jane Grigson. Hij bekent dat hij tot het 'zeer rigide en nogal saaie kamp' hoort wiens levenslange invloed het 'heerlijke eten, zeer simpel bereid' was dat hij aantrof in Franse cafés vlak na de oorlog. Hij kan nog steeds (en ik ook, na zijn omschrijving) het beste maal van zijn leven oproepen in een restaurant dat was aanbevolen door Elizabeth David, madame Barratero's Hotel du Midi in Lamastre in Frankrijk. 'Het was kip in een varkensblaas met zwarte truffel onder het vel en toen die op tafel kwam en ze haar opensneden, sloeg je bijna achterover van de stoom. Ik herinner me dat er verder alleen wat nieuwe aardappeltjes en een grote schaal *hariocots fins* bij zaten. We hadden een halve kip voor het avondeten en de andere helft de volgende dag koud bij de lunch.' Ik vermoed dat het gerecht dat Conran zich zo levendig herinnert madames *poularde en vessie* is, die David uitgebreid beschrijft in haar boek *An Omelette and a Glass of Wine*, dat in 1984 werd gepubliceerd.

Australiës Gay Bilson serveerde Conran een van zijn andere favoriete maaltijden bij Bennelong in Sydney, maar God mag weten wat het was. 'Ik weet alleen nog dat het echt heerlijk was en vol smaak. Ik ging ook naar haar restaurant in Berowra Waters met een watervliegtuig en dat was een van de beste ervaringen ooit, het was fantastisch.'

Conran meent dat we op een interessant kruispunt staan met ons eten. 'Er zijn twee richtingen. De ene weg is de absolute passie die chef-koks hebben voor het krijgen van Michelinsterren en het overgedecoreerde eten dat daarvoor noodzakelijk is, en er is de andere weg, die wordt belichaamd door [de Britse chef-kok] Fergie Henderson, met schitterende ingrediënten die erg eenvoudig worden gekookt, niet "gechef-kokt". We hebben een soort scheidslijn tussen figuren die denken dat ze kunstenaar zijn en mensen die zichzelf als handwerksman zien.' Conran laat er geen twijfel over bestaan welke richting hij altijd zou volgen.

'Onpretentieus is mijn persoonlijk filosofie. Wij [hij en zijn vrouw Vicki] noemden ons boek *Plain, Simple and Satisfying* en mijn leidraad blijft de liefde voor de kwaliteit en de smaak van de ingrediënten en de wens ze op een simpele manier op het bord te leggen. Ik keur helemaal niet af wat [de experimentele chef-koks] Ferran Adrià of Heston Blumenthal doen, ik ben enorm enthousiast over mensen die nieuwe dingen proberen; daar draait de wereld op. Maar als iemand me een mooi stuk vlees met wat aardappelen en een simpele salade en een echt goed glas Bourgogne voorzet, ben ik een gelukkig man.'

'Een geweldige en spectaculaire manier om oesters te eten voor wie ze rauw niet lust. Het gerecht vult enorm, dus rekenen wij vier oesters per persoon als voorgerecht, hoewel sommige van onze vrienden (en familieleden) er wel zes op kunnen.'

oesters 'Rockefeller'

grof zout
500 g spinazie
75 g boter
een scheutje Pernod of andere pastis
1 theelepel selderiezout
paar druppels tabasco
16-20 oesters
100 g vers broodkruim

Leg een laag grof zout in een bakblik dat groot genoeg is om alle oesters in één laag te bevatten.

Laat de spinazie na het wassen uitzweten in een koekenpan met aanhangend vocht tot hij slap wordt. Laat grondig uitlekken en draai dan met boter, Pernod, selderiezout en tabasco in een keukenmachine tot een gladde, groene puree. Zet in de koelkast om op te stijven.

Verwarm de oven voor op 230 °C.

Open de oesters, gooi het 'deksel' weg en schik ze in het bakblik. Het zout houdt ze rechtop.

Schep een lepel opgesteven spinaziepuree over elke oester en strijk glad met een pannenkoekmes. Strooi er het broodkruim over en zet ze 8-10 minuten in de oven, tot het broodkruim goudbruin is en de spinaziepuree aan de randjes begint te borrelen.

Dien meteen op, eet de oesters met een vork en kijk uit dat je je vingers niet brandt aan de gloeiendhete schelpen.

Voor 4 personen

'Dit is het lekkerst aan het eind van het seizoen, met verse erwtjes die wat melig beginnen te worden. In de winter, als er geen verse doperwten zijn, kunt u ook spliterwten of diepvrieserwtjes gebruiken.'

doperwtensoep met ham

50 g boter
1 ui, gesnipperd
1 kg gedopte erwtjes
1 liter bouillon, getrokken van een hambot (of kippenbouillon)
100 g gekookte achterham, in blokjes
zout en peper
room, om te serveren

Smelt de boter in een pan en fruit de ui tot hij zacht is. Voeg doperwten (of spliterwten of diepvrieserwtjes) toe en schep 1 minuut om in de boter.

Giet de bouillon in de pan, breng aan de kook en laat 20 minuten sudderen tot de erwtjes zacht zijn (spliterwten hebben 40 minuten nodig).

Pureer de soep in een blender, voeg de ham toe en breng op smaak met zout en peper. Serveer heet met een scheutje room erin.

Voor 4 personen

terence conran

terence conran

runderstoofvlees met wortelen

2 eetlepels reuzel of olie
1½ kg runderstoofvlees (rib- of sukadelappen)
100 g wortel, klein gesneden
100 g ui, klein gesneden
100 g bleekselderij, klein gesneden
1 kalfspoot
1 laurierblaadje
1 takje peterselie
1 takje tijm
500 ml runderbouillon of een combinatie van water en bouillon
400 g wortelen, gehalveerd als ze groot zijn
zout en peper
een scheut madera of port
een handje gehakte bladpeterselie

Verwarm de oven voor op 150 °C.

Verhit reuzel of olie in een ruime braadpan met deksel, voeg het vlees toe en bak het aan alle kanten bruin. Schep er het meeste vet uit en voeg de fijngesneden groenten, de kalfspoot, de kruiden en de bouillon toe. Breng zachtjes aan de kook. Dek af, zet in de oven en stoof 1½ uur.

Kook ondertussen de 400 g wortelen 10-15 minuten in een pan met licht gezouten kokend water tot ze net gaar zijn. Giet goed af en houd warm.

Haal het vlees uit de braadpan, dek af en houd warm. Neem de kalfspoot uit de pan (heerlijk kliekje voor later). Schuim het vet van het braadvocht en giet door een conische zeef in een schone schaal die u op tafel kunt zetten. Voeg zout, peper en een scheutje madera of port toe.

Snijd het vlees en leg het met de gekookte wortelen op de serveerschaal en zorg ervoor dat die goed heet is. Bestrooi met wat gehakte peterselie.

Gewone gekookte aardappelen zijn een prima begeleiding, net als jonge worteltjes of een groene salade.

Voor 4 personen

'Er schijnt discussie te zijn over de vraag of dit nagerecht wel werd uitgevonden op de school met die naam. Het doet er niet echt toe hoe het ontstond, het is een van de lekkerste en ook eenvoudigste nagerechten. U hebt vier meringues nodig van 10-15 cm; met dit recept maakt u er meer dan u nodig hebt voor Eton mess, *maar ze zijn goed houdbaar, verpakt in keukenpapier in een cakeblik.'*

Eton mess

meringues
6 eiwitten
snufje zout
snufje bakpoeder
350 g fijne kristalsuiker of witte basterdsuiker

500 g aardbeien, in plakjes
50 g vanillesuiker
500 ml slagroom, gekoeld
4 meringues van 10-15 cm, in stukken

Verwarm de oven voor op 110 °C. Bekleed een bakplaat met bakpapier.

Klop eiwit, zout en bakpoeder in een ruime kom tot het eiwit stijf is maar nog niet te droog en met te veel gaten. Voeg tijdens het kloppen geleidelijk 250 g van de suiker toe en blijf kloppen tot het mengsel stijf en glanzend is. Spatel er dan de rest van de suiker door.

Schep ruime lepels van het mengsel op de bakplaat en maak ze rond, ovaal of wat voor vorm u maar leuk vindt. U kunt ook één grote pavlova maken. Zet de bakplaat 1 uur in de oven en kijk dan of de meringues voldoende droog zijn; zo niet, laat ze dan nog 30 minuten staan.

Haal de meringues uit de oven en laat ze afkoelen op een rooster.

Doe de aardbeien in een glazen of aardewerken schaal en bestrooi met vanillesuiker.

Giet de room in de schaal waarin u het nagerecht wilt serveren, en klop lichtjes stijf.

Spatel de aardbeien en meringues door de room – hij moet licht gemarmerd zijn. Serveer meteen.

Voor 4 personen

jill dupleix en terry durack

‘Terry is van de slow food en ik van de fast food,’ lacht Jill Dupleix. ‘Als we hetzelfde stuk vlees nemen en wat groente, heb ik in tien minuten wat op tafel en hij zou er vier uur mee bezig zijn. Als we een klassieker zouden nemen als *coq au vin*, zou hij de hele stad aflopen voor de juiste uien en inzitten over de wijn, terwijl ik zou zeggen: “Bekijk het maar met je uien”, en binnen een uur iets op tafel zou hebben. Ik gebruik trucjes, hij niet. Hij wordt soms gek van me en vindt dat ik een keukensloerie ben.’

Dupleix en Durack, Jill en Terry. Snel en langzaam. Beiden zijn natuurlijk onafhankelijk van elkaar succesvolle culinaire schrijvers, die makkelijk een eigen deel van dit boek hadden kunnen vullen, maar de keren dat ik ze in de loop der jaren alleen heb gezien, kunnen waarschijnlijk op één hand worden geteld. Het leek me dus passend hen samen te spreken.

In een interview in de krant *The Age* uit Melbourne constateerde een journalist dat het paar elkaars zinnen afmaakt. Dat doen ze inderdaad en vervolgens beantwoorden ze vragen die aan de ander worden gesteld. Hun creatieve synergie is buitengewoon, ondanks beweringen van Dupleix dat zij en haar man culinair incompatibel zijn. ‘Hij gebruikt vijftien verschillende messen, ik scheur dingen met mijn handen. Hij gebruikt vet, ik niet. Onder zijn favoriete ingrediënten zitten ganzenvet, gezouten varkensoren, chorizo en gerookte paling. Bij mij zijn dat tomaten, rucola, feta, sashimi-tonijn en Campari. Maar we vinden het altijd heerlijk als de een voor de ander kookt.’

In 1999, toen ik naar Australië verhuisde, waren Jill Dupleix en Terry Durack het onbetwiste koningskoppel van Sydneys culinaire *scene*, zij als culinair hoofdredactrice van *The Sydney Morning Herald* en hij als restaurantcriticus daarvan. Samen – en dat was waar de echte invloed lag – gaven ze de *Herald’s Good Food Guide* uit en Duracks wekelijkse besprekingen konden een restaurant maken of breken. Hun rol, vooral in zo’n compacte gemeenschap als die van Sydney, was van nature ophefmakend (‘Onze strategie was: “We hebben dit geweldige werk, laten we het gewoon zo goed mogelijk doen,”’ zegt Dupleix), maar ze hadden passie, integriteit en de kracht van hun overtuigingen en ik denk dat de culinaire *scene* hen mist nu ze zich in Londen hebben gevestigd. Als het paar een begeerde *chef’s hat* (koksmuts) introk (het *Good Food Guide*-equivalent van een Michelinster) – zoals in het bekende geval van Neil Perry’s gevierde Rockpool – was de siddering in alle restaurants van Sydney voelbaar.

De invloed van het stel was des te opmerkelijker omdat ze geen van beiden uit Sydney afkomstig zijn. Ze komen uit Melbourne en verhuisden in 1994 naar Sydney. 'Figuren uit Melbourne die in Sydney komen vertellen wat er moet worden gegeten en gedronken. Dat wil natuurlijk wel [de antipathie tussen de steden is legendarisch], dus het was zwaar werk,' herinnert Durack zich. In 2000 verrasten ze de lokale horeca vervolgens door te verhuizen naar Engeland. Dupleix om de invloedrijke positie van culinair redacteur van *The Times* op zich te nemen en Durack vanwege de nieuw gecreëerde rol van restaurantcriticus voor *The Independent on Sunday*. Ondanks hun nieuwe Londense identiteit onderhouden beiden sterke banden met Australië. Jilly Dupleix' gezellige, pakkende eetcolumns verschijnen regelmatig in de originele Australische editie van *ABC delicious* en ze schrijft opnieuw voor *The Sydney Morning Herald*; Terry Duracks scherpe restaurantbesprekingen zijn exclusief voor zijn Britse lezers, maar zijn sardonische mijmeringen over eten verschijnen in het blad *Herald's Good Weekend*.

Ze zijn 25 jaar samen en 23 jaar getrouwd. Beiden werkten in Melbourne in de reclame (Dupleix: 'Ik een trapje lager dan hij') en de omslag naar culinaire journalistiek ging geleidelijk. Zoals Dupleix uitlegt: 'We ontdekten dat we van eten, drinken en koken hielden en we gaven al ons geld uit aan kookcursussen over de hele wereld. Na verloop van tijd werden we steeds neurotischer en ongelukkiger in de reclame, terwijl we ons andere leven aanbaden. We werden gewoon op een dag wakker en zeiden: "We houden van schrijven, we houden van eten, waarom schrijven we niet over eten?"'

Een complete plank boeken later (Dupleix heeft dertien en Durack zes boeken gepubliceerd) lijkt hun passie onverminderd. Ik heb met beiden gewerkt – kort en op verschillende momenten – en ik kan verzekeren dat ze de droom zijn van elke hoofdredacteur: zelden hoeft er ook maar een komma te worden veranderd. 'Ik redigeer Jill en zij redigeert mij,' zegt Durack. 'We worstelen met elk woord.' Hun kantoor is momenteel hun kleine appartement ('compact' in makelaarstermen), precies midden in Londens Notting Hill Gate. Het is een benijdenswaardige locatie, waarvan het enige nadeel is dat je weg moet wezen tijdens carnaval. 'We zouden graag blijven,' zegt Dupleix, bijna verontschuldigend, 'maar het is zo'n kabaal dat ik Terry een briefje zou moeten geven met de vraag: "Heb je zin in thee?"' De dagindeling in het appartement is zo geregeld dat op het dagelijkse, magische moment van Jills 'Campari-tijd' (meestal rond zes uur) de laptops worden dichtgeklapt en het kantoor verandert in een eetkamer.

'Sinds onze verhuizing naar Londen is ons leven één groot plezier,' zegt Durack. 'We zijn niet alleen naar Engeland geswitcht, maar ook naar Europa. Ik vind het heerlijk Europa om me heen te hebben, binnen handbereik.' Beiden geven toe dat het vertrek uit Australië een leerproces was, waarbij het voor Durack een enorme verandering was dat hij zich, ironisch genoeg, aan een veel kleiner publiek aan moest passen dan waar hij in Sydney voor schreef, voornamelijk door de torenhoge restaurantprijzen in Groot-Brittannië.

De aanpassing van Dupleix aan het schrijven van recepten op het noordelijk halfrond verliep kennelijk soepel, want ze won een Cookery Journalist of the Year-prijs van de British Guild of Food Writers, die niet snel onder de indruk is. En Durack ontving in 2005 de prestigieuze Glenfiddich Restaurant Critic of the Year-trofee. Dat is knap, want dat soort eer valt niet-Britten eerlijk gezegd maar zelden te beurt. 'Ik vind het prima een beetje een buitenstaander te zijn,' verklaart Dupleix. 'Een Australiër heeft dat altijd in Groot-Brittannië, maar ik voel dat ik alles kan doen hier en dat is een fantastisch gevoel.'

Er hangt een lichte, maar hardnekkige zweem van beroepsrivaliteit, net onder het oppervlak van hun conversatie. Dat is ongetwijfeld productief, en ook bijna onvermijdelijk gezien hun carrières, maar er is ook affectie. Ze zijn elkaars grootste fans. Om belastingtechnische redenen is Durack momenteel 'meneer Jill Dupleix'. 'Wij zijn culinair redactrice en echtgenoot,' pest Dupleix. 'Ik reis als de echtgenoot en de jongens van de douane doen het in hun broek van het lachen,' vult haar man aan, iets minder geamuseerd.

Australische garnalen en tropisch fruit ('Fruit dat de zon heeft gezien') zou hen uiteindelijk terug kunnen lokken naar hun vaderland, terwijl zeebaars en 'fantastische' aardappelen belangrijke redenen zijn om in Engeland te blijven. Net als alle immigranten en autochtonen vinden ze Londen een opwindende maar exorbitante stad om in te wonen en te werken. Verhuizen uit hun geliefde Notting Hill is geen optie. 'Waarom zou je in Londen gaan wonen als je ergens in Woop Woop zou moeten wonen, waar je niet van die mooie zeebaars kunt krijgen?' overpeinst Dupleix.

jill dupleix

'Zalm is al machtig genoeg zonder allerlei sauzen, room of mayonaise. Dompel hem daarom in een lichte, geurige bouillon van Thaise kruiden met een kleine toets van limoen en serveer er gestoomde rijst bij.'

zalm in een lichte, geurige bouillon

4 zalmfilets van elk 150 g
4 eetlepels Thaise vissaus
2 stengels citroengras
2 sjalotjes, gepeld
1 kleine rode peper
150 g oesterzwammen, shii-take of champignons
100 g jonge spinazie
500 ml kippen- of groentebouillon
1 theelepel suiker
1 eetlepel plantaardige olie
zeezout en zwarte peper
1 eetlepel vers limoensap

Snijd de zalm in brede repen, haal door de helft van de vissaus en zet weg.

Pel het citroengras en snijd het witte deel in ringetjes. Snijd sjalot, rode peper en paddestoelen in dunne plakjes. Was de spinazie en laat uitlekken.

Verhit de bouillon in een pan met citroengras, sjalot, rode peper, paddenstoelen en suiker en laat 10 minuten sudderen.

Verhit ondertussen de olie in een koekenpan met antiaanbaklaag en schroei de zalm 3 minuten op het vel of tot hij krokant is. Draai om en schroei lichtjes aan de andere kant, maar laat vanbinnen roze. Breng goed op smaak met zout en peper.

Laat de spinazie in 10 seconden slap worden in de hete bouillon, haal hem er met een tang uit en schik op vier verwarmde soepborden. Leg er de zalm op. Voeg de rest van de vissaus en het limoensap bij de bouillon en lepel deze rond de zalm. Serveer met een kom rijst ernaast.

Voor 4 personen

'Terry en ik wilden een keer lamsbout eten, maar we waren te hongerig om te wachten tot hij gaar zou zijn, dus kerfden we hem in tot het bot, vulden de openingen met kruidig broodkruim met knoflook en braadden hem in de helft van de tijd. Het mooiste is om hem aan te snijden, als je dwars door het vlees snijdt en het in repen uit elkaar valt, met krokant vel aan de ene kant en sappig, roze vlees aan de andere. Serveer met een groene salade met een pittige dressing en aardappelen die zijn gebraden in hetzelfde bakblik.'

ingekerfde lamsbout

3 eetlepels grof gehakte bladpeterselie
2 ansjovissen, fijngehakt
3 tenen knoflook, geplet
2 eetlepels gezouten kappertjes, afgespoeld
1 eetlepel grof geraspte citroenschil
80 g vers broodkruim
3 eetlepels extra vergine olijfolie, plus extra om de besprenkelen
1 lamsbout van ongeveer 2 kg
4 takjes rozemarijn of tijm
rucola
1 citroen, in vieren

Verwarm de oven voor op 220 °C. Meng peterselie, ansjovis, knoflook, kappertjes, citroenrasp en broodkruim. Voeg olijfolie toe en maak er een zachte, vochtige pasta van.

Houd de lamsbout met de vlezigste kant naar u toe en snijd een aantal keren tot bijna op het bot met steeds een vinger afstand ertussen. Druk de vulling tussen de 'plakken' vlees, breng de bout weer in vorm en bind op met keukentouw.

Bestrooi met rozemarijn of tijm, besprenkel met wat olijfolie en braad 20 minuten. Temper de oven naar 190 °C en braad nog 1 uur. Laat 10 minuten rusten onder aluminiumfolie.

Zeef het braadvocht boven een kom en schep bovendrijvend vet weg. Verwijder het touw en snijd het vlees evenwijdig aan het bot, waardoor er flinke repen ontstaan.

Schik losjes op warme borden, bedruip met braadvocht en bestrooi met rucola. Geef er partjes citroen bij.

Voor 4-6 personen

jill dupleix

'Dit is meer een idee dan een recept – het kan keer op keer worden gebruikt met pruimen, perziken of abrikozen. Serveer met crème fraîche of yoghurt als dessert of als deel van een weekendbrunch.'

eenvoudige pruimentaartjes

4 stevige, rijpe pruimen
500 g kant-en-klaar bladerdeeg
1 ei, losgeklopt
1 eetlepel suiker
1 eetlepel boter
1 eetlepel honing of pruimenjam

Verwarm de oven voor op 200 °C. Halveer de pruimen en verwijder de pitten.

Rol het deeg uit. Leg voor de juiste maat een pruimenhelft op het deeg en trek er een cirkel omheen die 1-2 cm deeg vrijlaat rond het fruit. Snijd acht cirkels uit het deeg en schik ze op een licht ingevette bakplaat.

Bestrijk elke deegcirkel met geklopt ei en leg er een pruimenhelft op, met de snijkant naar onderen. Bestrooi met suiker en wat stukjes boter. Bak ongeveer 20 minuten, tot de pruim zacht en het deeg gerezen en goudbruin is. Druip er wat honing of verdunde pruimenjam over. Serveer warm of op kamertemperatuur.

Voor 8 stuks

jill dupleix

'Het bijzondere van "rood koken" is dat je niet alleen rode kip krijgt, maar ook een moederbouillon die het vermogen heeft u te overleven. Net als een startdeeg van zuurdesem wordt de moederbouillon in de loop der tijd alleen maar voller en beter, maar na gebruik met vis zijn zijn gloriedagen geteld. Als u hem ofwel invriest na gebruik ofwel in de koelkast zet en niet vergeet hem om de drie dagen aan de kook te brengen, is hij onbeperkt houdbaar.'

Chinese rode kip

125 ml Chinese rijstwijn
1 eetlepel suiker
2 tenen knoflook
2 pijpjes kaneel
3 stukjes steranijs
een flink stuk gember, geschild en in plakjes
125 ml lichte sojasaus
125 ml donkere sojasaus
750 ml kippenbouillon of water
1 theelepel (5 ml) sesamolie, plus extra om mee in te wrijven
4 kippenpoten
gestoomde rijst, om te serveren
2 lente-uitjes, in ringetjes

Verhit rijstwijn en suiker in een ruime pan en roer tot de suiker oplost. Voeg knoflook, kaneel, steranijs, gember, lichte en donkere sojasaus, bouillon en sesamolie toe. Doe er de stukken kip bij. Ze moeten vrij precies passen. Voeg als de kip niet helemaal onder het vocht staat, wat extra water toe en wat extra sojasaus als de kleur te licht wordt.

Breng aan de kook, schuim af en temper het vuur tot alles heel zacht borrelt, waarbij de belletjes nauwelijks het oppervlak bereiken. Dek de pan gedeeltelijk af en laat 15-20 minuten zachtjes trekken. Draai het vuur uit en laat de kip minstens 30 minuten of tot hij koud is in het vocht zitten.

Laat de kip uitlekken en wrijf hem in met sesamolie. Hak de kip op z'n Chinees in stukken van 1,5 cm of gooi de botten weg en snijd het vlees klein. Serveer warm of op kamertemperatuur met gestoomde rijst en een beetje van de gezeefde bouillon. Bestrooi met lente-ui.

Voor 4 personen

Links: Chinese rode kip
Boven: chorizo, inktvis en bonen

'Een warme salade met rokerig Spaans paprikapoeder als rode draad, van de chorizo tot de bloem op de inktvis. Serveer met goede mayonaise, opgeklopt met fijngehakte knoflook en nog meer paprikapoeder.'

chorizo, inktvis en bonen

4 kleine verse chorizoworstjes
800 g witte bonen (bijvoorbeeld cannellini)
1 eetlepel olijfolie
100 ml kippenbouillon
2 theelepels gerookt paprikapoeder (*pimentón*)
125 g bloem
1 theelepel zout
½ theelepel peper
500 g verse pijlinktvis, schoongemaakt
3 eetlepels lichte olijfolie
100 g rucola
1 citroen, in vieren

Snijd de chorizo's diagonaal in dikke plakken. Giet de bonen af en spoel na. Bak de chorizo in olijfolie in een koekenpan tot hij een beetje krokant aan de randjes is. Voeg bonen, kippenbouillon en 1 theelepel paprikapoeder toe en laat 5 minuten zachtjes sudderen.

Meng bloem, zout, peper en 1 theelepel paprikapoeder en zet een vergiet boven een kom. Snijd de inktvislichamen in ringen van 1 cm en de tentakels nog kleiner. Haal de helft van de stukken inktvis door de bloem, doe ze in het vergiet en schud overtollige bloem af. Verhit de helft van de lichte olijfolie in een koekenpan en bak de inktvis snel, draai hem één keer om en laat uitlekken. Doe hetzelfde met de andere helft van de inktvis en de rest van de olie.

Verdeel de bonen en worst over vier verwarmde borden, bestrooi met rucola en schik er de gebakken inktvis op. Serveer met parten citroen.

Voor 4 personen

'Dit eenvoudige maar verwarmende pastagerecht is gebaseerd op een klassiek recept uit Apulië en combineert de aangeboren schattigheid van orechiette ('oortjes') met de zoute prikkeling van ansjovis en de heerlijke beet van gebakken broodkruim. Oorspronkelijk werd broodkruim gebruikt als een goedkope vervanging voor kaas, maar ga uw gang, doe maar extravagant en voeg ook wat geraspte pecorino of parmezaan toe.'

orechiette met bloemkool en ansjovis

zout
500 g bloemkool
400 orechiette of penne
4 eetlepels olijfolie
50 g gedroogd broodkruim of Japans *panko*-kruim
8 Spaanse ansjovisfilets
1 teen knoflook, in dunne plakjes
1/2 rode peper, in stukjes
vers gemalen zwarte peper

Breng een ruime pan gezouten water aan de kook. Snijd de bloemkool in roosjes en kook 4 minuten zachtjes tot ze bijna gaar zijn. Verwijder de bloemkool met een schuimspaan. Breng het water opnieuw aan de kook, voeg de pasta toe en kook beetgaar. Giet af en houd een kop kookvocht achter.

Verhit 2 eetlepels olijfolie in een koekenpan, doe er het broodkruim bij en bak, al omscheppend, goudbruin. Haal uit de pan en zet apart.

Veeg de koekenpan schoon en verhit de rest van de olie (desgewenst aangelengd met wat olie van de ansjovis). Prak de ansjovis grof met een vork. Bak ansjovis, knoflook en rode peper zachtjes tot de ansjovis vrijwel is gesmolten.

Voeg de bloemkool toe en roer om. Doe er de uitgelekte pasta bij en 3-4 eetlepels van het kookvocht en schep goed om. Draai er een royale hoeveelheid peper over en serveer.

Voor 4 personen

cherry ripe

Stel u voor: Cherry Ripe, culinair schrijfster, vertelt me over de Cordon Bleu-kookcursus waarvoor ze zich begin jaren tachtig in Londen inschreef. In haar beste 'Cordon Bleu-annex-nieuwslezer uit de jaren vijftig'-stem en met een denkbeeldige telefoonhoorn tegen haar oor. 'Ik zei: "Hoe weet ik of ik gevorderd ben of tussenniveau?" Zeiden ze: "Welnu, pelt u uw tomaten?" Ik zei: "Ja, natuurlijk, zelfs kerstomaatjes." Daar waren ze nogal van onder de indruk. Toen zeiden ze: "Welnu, kunt u een emulsiesaus maken?" "Alleen een béarnaise, een choron of een hollandaise." "U bent gevorderd," zeiden ze.'

Ik geef dit verhaal weer omdat het twee dingen vertelt over Cherry Ripe. Ten eerste dat ze een begaafde – en erg grappige – verhalenvertelster is. Ten tweede dat ze kennelijk altijd al oog voor detail had. Je ziet Cherry Ripe voor je als baby die exact wenst te weten waar haar Olvarit vandaan komt en hoeveel gluten hij precies bevat. Vreemd genoeg bekent Ripe dat de maaltijden in haar jeugd inderdaad vaak gepaard gingen met 'discussies over wat er op het bord lag, zoals de vraag of de fazant langer afgehangen had moeten worden'. Dus misschien toch geen Olvarit.

Natuurlijk was er in letterlijke zin nooit een baby die Cherry Ripe heette. Ze werd geboren als Julitha Dent (Julitha is een West-Australische aboriginalnaam) in Ludlow, Shropshire, die prachtige streek waar Engeland Wales ontmoet. Haar vader was Engels, haar moeder Australisch. Ripe verhuisde naar Australië toen ze twaalf was en weet nog dat ze het haatte. 'Ik kwam hier met rood haar, een lelieblanke huid en zo'n vreemd Herefordshire-accent, terwijl alle deftige kostschoolmeisjes net terugkeerden van hun zomervakantie aan Palm Beach [ten noorden van Sydney] met bruine benen en gebronsde lichamen. Ik voelde me een buitenbeentje, waarbij nog kwam dat de bomen hun blad niet verloren en er geen seizoenen leken te bestaan. Ik vond Australië echt helemaal niks.'

Nu is Cherry Ripe er trots op dat ze Australië haar thuis kan noemen (ze vertelde me ooit dat ze Sydney de beste stad ter wereld vond), maar er kwam wel wat heen-en-weergereis bij kijken. In Londen werkte ze als popjournaliste voor de legendarische *New Musical Express*, samen met Chrissie Hynde, die later de Pretenders op zou richten, en terug in Australië was ze popcolumniste voor *The Australian* en *The Sunday Telegraph*. Haar culinaire 'openbaring' onderging ze toen ze chef-kok Giorgio Locatelli interviewde, die 'namaakhondendrollen creëerde uit gedroogde chocolademousse' – en meer van dat soort werk – voor de cultfilm *The Cook, The Thief, His Wife and Her Lover* uit 1990. 'Ik bood het artikel aan bij *The Australian*, waar ze zeiden: "Het is te weerzinwekkend voor ons, maar waarom kom je bij ons niet over eten schrijven?"' Dat deed ze en ze bleef dertien jaar.

Er zijn twee populaire misvattingen over Cherry Ripes naam. De ene is dat ze haar naam officieel liet veranderen (wat niet zo is) en de andere dat ze zichzelf heeft genoemd naar de beroemde Australische chocoladereep. Dat was alleen maar zo tot ze ontdekte dat er een vrouwelijke soort van de Australische variant van het Hereford-rund bestaat die Cherry Ripe heet. 'Dus nu houd ik het op de koe.'

De naam dateert uit 1973, toen Ripe een van de slechts twee vrouwen was in een 'uitzinnige en confronterende' travestietentheatergroep genaamd Sylvia and the Synthetics. Verontrust over het feit dat de groep werd gefotografeerd voor *The Australian*, en in het besef dat haar moeder (die kennelijk niets wist van

de subversieve kant van haar dochter) die krant las, bedacht Ripe snel haar nieuwe naam voor het fotobijschrift. 'Ik heb getost tussen Cherry Ripe en Juicy Fruit.' In het licht van haar verdere loopbaan is het een gelukkige keus geweest. Het is de vraag of het illustere en geleerde Oxford Symposium (waar ze aan aantal keren lezingen hield) Juicy Fruit zou hebben uitgenodigd.

Ik ontmoette Cherry Ripe in Londen in 1998. Ik hoorde over haar via haar oude vriendin Joan Campbell, maar dacht altijd dat Cherry Ripe haar bijnaam was. Dus ik was verrast toen ik de telefoon opnam en een stem met een vreemd, ingehouden Australisch accent hoorde zeggen dat zij Cherry Ripe was en dat ze wel voor *Food Illustrated* wilde schrijven en waarom we niet wat gingen eten?

Wat we inderdaad deden en sindsdien regelmatig zijn blijven doen. Maar die eerste keer, nadat mijn Britse reserve zich eenmaal had aangepast aan de schok die haar correctie van elke spelfout op de kaart tegenover de ober bij mij veroorzaakte – voor we zelfs nog maar iets te drinken hadden besteld –, konden we het geweldig met elkaar vinden. Na een paar flessen wijn gingen we de menukaarten van elk restaurant in Soho corrigeren. We hadden enorm veel plezier.

Cherry's enige column in *Food Illustrated* verscheen in maart 1999 (mijn laatste nummer als hoofdredacteur) en was een uitbundig schotschrift over de deplorabele toestand van de Britse restaurantvis. Ik vond het heerlijk – en ik houd nog steeds van de manier waarop Cherry Ripe schrijft –, maar de nieuwe hoofdredacteur had duidelijk een ander idee. Cherry werd niet gevraagd voor een tweede aanval.

Controversie is altijd onderdeel geweest van haar wapenrusting. In 1990 schreef ze een artikel waarin ze stelde dat Australiërs beter in Australië konden eten dan in Europa, wat destijds absurd werd gevonden door een publiek dat nog steeds gebukt ging onder vermeende culturele minderwaardigheid (*Vaarwel Culinaire Minderwaardigheid* was de titel van Cherry Ripes boek uit 1992), maar ze had vrijwel zeker gelijk. Haar latere uitspraak dat Frans eten 'dood' was, werd gezien als godslastering. 'Je kon naar Paul Bocuses restaurant gaan en dan kwamen ze aan met een vis in deegschubben en dan dacht je: "Wat een onzin." Maar dan ging je begin jaren negentig naar Californië en daar gebruikten ze geen boter- en roomsauzen meer,' legt Ripe uit. 'Je kon zien wat de toekomst ging worden.' Opnieuw had ze gelijk.

Cherry Ripe is een gepassioneerde en directe voorvechtster van de Australische eetcultuur en als zodanig was ze de ideale redacteur van de culinaire secties van de nationale kranten. Hoewel haar wekelijkse columns nu en dan bombastisch waren, vormden ze een onmiskenbare barometer voor Australiës opkomende eetcultuur. 'Ik hoop dat ik, een heel klein beetje, Australiërs heb aangemoedigd iets meer vertrouwen te hebben in wat ze deden en te beseffen dat datgene wat we hier hebben net zo goed is als wat ze in Europa hebben, en in veel gevallen zelfs beter. Ik ben bevooroordeeld en ik slik mijn oordeel niet in, maar als ik iets meen, meen ik het ook oprecht.'

Ripe vindt moderne culinaire redacteuren die denken dat je 'frites' met twee t's en 'béarnaise' met maar één a schrijft, maar niks (spelling blijft haar stokpaardje) en veel moderne culinaire journalistiek vindt ze deprimerend. 'Redacteuren willen niet meer aan de grote vraagstukken, zoals wat we het milieu aandoen en hoe ons voedsel wordt geproduceerd. Ze willen alleen maar opsmuk, voedsel als mode en koks als sterren. Ik word daar erg kwaad over.'

Als ik stel dat mede-Australiërs als Donna Hay en Bill Granger momenteel de bekendste culinaire ambassadeurs van het land in het buitenland zijn, ben ik bang dat zij hun zachtaardiger aanpak zal afkeuren, maar het tegendeel blijkt. Ineens is Cherry Ripe vol lof. 'Zij vangen beiden onze lichtheid en eenvoud en ze hebben iets heerlijks fris. En als zij ervoor zorgen dat mensen in Engeland op zoek gaan naar brood en eieren van echt goede kwaliteit, heb ik geen enkel bezwaar.'

Ik geloof echt dat ze milder wordt.

'Kikkererwten zijn er in twee soorten: desi, de kleinere soort, en kabuli, de grotere, die ik prefereer. Kom niet in de verleiding kikkererwten uit blik te gebruiken, want die hebben hun heerlijke nootachtige smaak verloren en zitten in een of andere smerige drab. De selderij geeft de salade beet en de chorizo voegt pit toe. Laat voor een vegetarisch gerecht de worst weg. Een dressing van olijfolie met citroen geeft een extra dimensie.'

kikkererwtensalade

4 eetlepels bleekselderij, in blokjes
4 eetlepels citroensap, of meer naar smaak
400 g gekookte kikkererwten, afgekoeld
16 plakken chorizo, krokant gebakken en in reepjes
2 eetlepels rode ui of sjalot, in blokjes
vers gemalen zwarte peper naar smaak
2 eetlepels fijngehakte bladpeterselie
1 eetlepel olijfolie met wat citroensap (eventueel)

Meng selderij en citroensap in een niet-metalen schaal en laat intrekken.

Schep kikkererwten, selderij, citroensap, chorizo en ui door elkaar. Voeg tot slot zwarte peper toe en bestrooi met gehakte peterselie. Roer er voor een vollere smaak de olijfolie met citroensap door.

Voor 4 personen

'Eendenborstfilet is nu alom verkrijgbaar, zelfs in supermarkten. Zoek exemplaren van 5-6 cm dik. Als u een hele eend neemt, kunt u de rest gebruiken voor een stoofpot á la coq au vin *of voor een* confit.*'*

salade met warme eendenborst en kaantjes

750 g vastkokende aardappelen zoals roseval
4 grote eendenborstfilets
zeezout
groene slasoorten, zoals frisée of Romeinse sla
walnotenolievinaigrette

Kook de aardappelen net gaar (controleer met een prikker). Laat afkoelen, verwijder de schil en snijd in plakjes.

Haal het vel van de eend met een fileermes. Snijd het vel in reepjes en dan in blokjes.

Bak de blokjes vel zachtjes uit in een koekenpan (liefst met anti-aanbaklaag) tot ze al hun vet hebben afgestaan en krokant en goudbruin zijn. Haal de eendenkaantjes met een schuimspaan uit het vet en bewaar dit. Laat de kaantjes uitlekken op keukenpapier en strooi er een beetje goed zout over.

Draai het vuur naar halfhoog en bak de eendenborsten ongeveer 5 minuten aan elke kant of tot ze goudbruin zijn maar vanbinnen nog rosé. (Net als met biefstuk moeten de filets nog zacht aanvoelen als u erop drukt. U kunt er ook eentje insnijden om te kijken of ze niet té rood zijn.) Haal de filets uit de pan en laat ze rusten op een warm bord.

Zeef het vet door een fijne zeef om bezinksel te verwijderen. Veeg de pan uit, doe er het heldere, gezeefde eendenvet weer in en bak de aardappelen zachtjes tot ze aan beide kanten goudbruin en krokant zijn. (Afhankelijk van de grootte van de pan moet u dit misschien in porties doen, omdat de aardappelen maar in één laag mogen liggen.) Het is belangrijk het vet niet aan te laten branden en al het bezinksel uit de pan te verwijderen voordat u de aardappelen toevoegt, anders ontstaan er verbrande zwarte stukjes. Snijd de eend in plakken en leg die in waaiervorm op vier warme borden.

Serveer met de gebakken aardappelen en een groene salade met walnotenolievinaigrette, bestrooid met kaantjes van eendenvel.

Voor 4 personen

cherry ripe

'Voor deze Vietnamese soep neem ik een hele, gebraden pekingeend. Als u die eenmaal hebt gemaakt, kunt u van het karkas de bouillon maken voor de volgende keer. Het is belangrijk om een zo sterk mogelijk bouillon te hebben.'

duck pho

1 gebraden pekingeend
1 liter eendenbouillon, ontvet (zet een nacht in de koelkast en schep er dan het vet af)
2 stukjes steranijs
250 g dunne rijstnoedels
1 bosje koriander
1 bosje zaagbladkoriander (*rau mui tau*)
1 bosje Vietnamese munt (*rau ram*)
1 bosje zoete munt (*rau thom*)
1 bosje Thais basilicum
500 g taugé
kropje ijsbergsla, in stukjes gescheurd
4 lente-uitjes, in stukjes van 3 cm
2 eetlepels gefruite sjalot
50 g geroosterde pinda's, gehakt

begeleiding
1 limoen, in 8 partjes
1 rode peper, fijngesneden, in een kommetje met Thaise vissaus
zoete chilisaus
kroepoek, eventueel

Ontbeen de eend, het liefst met rubber handschoenen aan en houd het vel apart. Doe het magere vlees in een kom en het karkas in een soeppan om er bouillon van te trekken voor de volgende keer. (Verwijder het stukje vet vlees aan het stuitje, want dat kan een onaangename smaak geven.)

Breng bouillon en steranijs in een soeppan aan de kook, dek af om verdamping te voorkomen en houd tot het serveren zachtjes tegen de kook aan.

Schraap op een snijplank zo veel mogelijk vet van het vel, leg de stukken vel in één laag tussen keukenpapier en zet een paar minuten op de hoogste stand in de magnetron, maar laat het vel niet verbranden. Pers er het vet uit, gooi het keukenpapier weg en herhaal met schoon papier tot u vetloos zwoerd hebt. Snijd dit in reepjes en doe in een kom.

Snijd het magere vlees in stukjes die klein genoeg zijn om met eetstokjes te kunnen pakken, doe in een kom en zet apart. Wel de rijstnoedels in kokend water, giet af, doe in een kom en zet weg. Haal de blaadjes van de kruiden en scheur ze in stukjes om te garneren.

Doe elk ingrediënt in een aparte kom en zet de kommen naast elkaar in de volgorde waarin ze in de individuele soepkommen gaan.

Leg in de warme soepkommen eerst een gelijke hoeveelheid noedels, dan taugé, eendenvlees, sla, lente-ui en kruiden. Haal de steranijs uit de soep en schep er dan de bouillon over en garneer met eendenvel, gefruite sjalotjes en gehakte pinda's.

Serveer met eetstokjes en soeplepels, liefst Chinese van porselein. Zet de begeleiding op tafel zodat eters er zelf uit kunnen kiezen. Ik geef er voor extra textuur ook graag nog wat kroepoek bij.

Voor 4 personen

'Koop de sterkst geurende aardbeien en frambozen die u kunt vinden. Het is niet aan te bevelen voor dit recept bevroren fruit te gebruiken, want dat wordt papperig.'

zomervruchtengelei

500 g rijpe aardbeien
500 g gemengde bosvruchten (frambozen, rode bessen, zwarte bessen en/of blauwe bessen)
4 blaadjes gelatine
2 eetlepels suiker, of zoetstof naar smaak
200 ml water
sap van 2 bloedsinaasappels
mascarpone of crème fraîche, om te serveren

Was de aardbeien, verwijder de kroontjes en snijd ze in vieren. Maak de bosvruchten schoon. Leg de blaadjes gelatine in koud water.

Maak in een steelpan siroop van suiker en water. Voeg de helft van de aardbeien toe en laat langzaam pocheren tot ze zacht zijn. Pureer met een staafmixer. Voeg sinaasappelsap toe, draai het vuur laag, voeg de gewelde en uitgeknepen blaadjes gelatine toe en roer om ze op te lossen. Laat niet koken, want dan stijft de gelatine misschien niet meer op. Pureer opnieuw om klontjes te voorkomen.

Doe de overige aardbeien en de bosvruchten in een serveerschaal (bij voorkeur van glas, tenzij u hem om gaat keren op een bord) en giet de warme siroop over het fruit. Laat opstijven in de koelkast. Laat op warme dagen in de koelkast staan tot u het gerecht serveert. Geef er mascarpone of crème fraîche bij.

Voor 6 personen

kevin gould

Als je halverwege de jaren negentig in Londen een feest gaf dat niet werd gecaterd door Kevin Gould, was het helemaal geen feest. Als Gould je vertelt dat hij David Bowie moest afzeggen omdat hij die avond al was geboekt door Tony Blair, maakt hij absoluut geen grapjes en het is ook geen opschepperij, want in die tijd gingen de zaken echt zo. Hij was de goeroe van het 'echte eten', een culinaire popster toen Jamie nog amper de korte broek was ontgroeid. Klanten betaalden een klein fortuin voor Goulds pistachenoten die kunstig waren uitgestrooid op kale tafels, melkwitte wolken biologische *mozzarella di bufala* en olijven met het formaat van kwarteleieren, ingevlogen uit Marseille. Als Kevin Gould de catering deed, waren er borrelglaasjes *affogato* met een mannetje ernaast voor het verfrissende rozenwater. *Ab Fab*? Absoluut (Lynne Franks, de inspiratie voor Eddie Monsoon in de tv-serie, was ook echt een klant), maar Kevin Gould was al lang vóór Eddie en Patsy een soort cult.

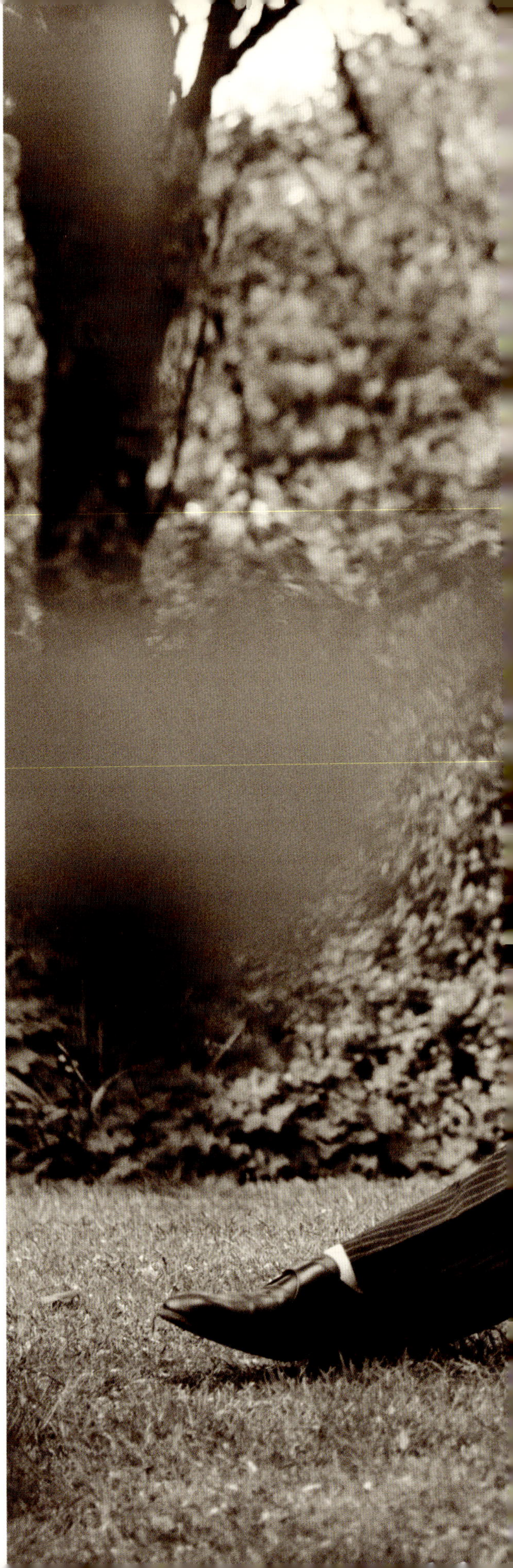

kevin gould

Kevin Gould en ik ontmoetten elkaar in 1997, toen ik werd gevraagd een stuk over hem te schrijven voor *The Saturday Express Magazine*. Gould organiseerde een feestdiner voor de *Express*-camera's in Joy, zijn delicatessenwinkel in Hampstead, Noord-Londen. Ik had al wel wat over hem gehoord en had een paar vrienden die zwoeren bij zijn Real Food-winkel in het trendy Maida Vale, maar toen ik hem ontmoette werd ik getroffen door Kevin Goulds duidelijke passie voor eten en – ongebruikelijk destijds – zijn zorg over de herkomst van zijn ingrediënten. Gould was een geweldige verteller, een echte ouderwetse causeur, en ik weet nog dat ik dacht dat als hij ook maar half zo goed kon schrijven als praten, hij een verdomd goede columnist zou zijn. Dat had nog nooit iemand tegen hem gezegd en ik ben blij dat ik de eerste was.

Kevin Goulds column verscheen in het eerste nummer van *Food Illustrated* in maart 1998 en hij heeft sindsdien zelden een nummer overgeslagen. Die eerste column, die de lof stak over paasmaaltijden op Griekse eilanden, was nogal uitbundig, maar uiterst meeslepend en door Trevor Flynns abstracte illustraties kreeg hij precies de juiste toets van excentriciteit. Die formule is nooit echt gewijzigd.

Tijdens de lunch in oktober 2004 in Goulds favoriete restaurant, het Lindsay House in Soho, komt die meeslepende passie snel weer bovendrijven. Nadat hij een aantal jaren terug zijn cateringbedrijf van de hand had gedaan en zijn delicatessenwinkels had verkocht ('Ik weet nog dat ik op een dag wakker werd en besefte dat ik een miljoen pond bezat'), is Gould nu fulltime schrijver. Hij heeft diverse boeken geschreven, met titels als *Dishy* en *Loving and Cooking with Reckless Abandon*. Als we elkaar ontmoeten, staat er een derde boek op de spaarbrander, met de bizarre (maar

bijna irritant goed gekozen) titel *Kitchen Yoga*. 'Het leuke is,' zegt hij, 'dat ik nu tijd genoeg heb om na te denken. Misschien verdien ik wel minder, maar nou ja. Ik voel me er juist rijker door.'

'Ik ben er niet op uit om dingen te onderwijzen, maar tegelijkertijd denk ik dat je meer plezier haalt uit wat je eet als je weet waar het vandaan komt.' Terwijl ik nog rommel met mijn taperecorder is hij al vertrokken voor zo'n *stream of consiousness*-monoloog die ik me zo goed herinner, iets over Ryvita-knäckebrod – wat kennelijk 'ijsbrood' is ('Deeg, zout en water, als een gek geklopt op zeer lage temperatuur') – en wat sluwe Finnen die het zuurdesem-startdeeg in de bossen verstopten toen de Russen hun land binnenvielen. Als de tape eindelijk soepel loopt, zitten we in Darjeeling (het nadeel van Kevin Gould is waarschijnlijk dat het 'onmogelijk is zomaar een kopje thee te drinken') en dan gaan we weer naar Louisiana, op jacht naar een zeldzame *chipotle*-saus, via de Singhabierbrouwerij in Thailand. En dat allemaal nog vóór onze drankjes zijn gearriveerd.

Goulds eigen afkomst is ook kleurrijk. Hij werd geboren in Manchester, in het noorden van Engeland, uit Russische, Duitse, joodse, Egyptische en Syrische voorouders. Zoals hij het zegt: 'Mijn vaders grootvader was een kozakkenruiter in het circus, mijn grootvader trad op in de *music halls* en mijn vader ging in het plasticfolie.' Gould denkt dat hij zijn culinaire genen (zijn eigen avontuur in het plasticfolie mislukte en hij ging leren koken in Frankrijk) heeft geërfd van zijn Syrische grootmoeder, die 'op elk tijdstip van de dag of nacht in staat moest zijn voedsel te verschaffen aan om het even hoeveel mensen, want zo gaat dat in Syrië'.

'Ik herinner me de geur van de keuken nu nog. Vanaf mijn vijfde dacht ik dat iedereen zo at. Vrijdagavond was het hoogtepunt, als de hele familie samenkwam. Er zaten dertig mensen rond de tafel, met minstens vijf soorten rijst en ik weet niet hoeveel vis- en vleesschotels. Pas later op school, toen ik bij andere mensen over de vloer kwam voor aardbeien uit blik (Gould groeide op in de jaren zestig) en voorgebakken pastei, dacht ik: "Hé, wacht even, hoe leven we hier eigenlijk al die tijd?"'

Gulheid en het verleggen van grenzen zijn altijd zijn handelsmerk geweest, even zichtbaar in zijn teksten als ze ooit waren in zijn eten. Kort voordat ik naar Australië verhuisde, opende Gould een café genaamd Love bij de Aveda-winkel in Londens chique Marleybone High Street. Ik herinner me de verse broden, boordevol gekarameliseerde sjalot en geroosterde knoflook die op een gemeenschappelijke tafel lagen, waarbij het de bedoeling was dat klanten zelf stukken afscheurden en zichzelf hielpen. Goed idee, behalve dan dat als de klant wegging, het brood achterbleef, klaar voor de volgende hongerige klauw. Goulds idee was 'een band zaaien aan tafel', barrières slechten door 'een stuk brood af te scheuren en het aan de vreemdeling naast je te geven'. De hygiënelobby was er uiteraard niet over te spreken, uit angst dat er iets veel duisterders kon worden verspreid aan tafel, en de broden verdwenen.

Kevin Gould zal altijd aan de gewaagde kant van het culinaire spectrum lopen. 'Als je samen kunt eten, kun je heel veel onderlinge verschillen opheffen,' zegt hij en hij geeft als voorbeeld een prachtig, krankzinnig slapstickmoment dat alle verbeeldingskracht vergt. Op een feest voor het Institute for British Architects bevestigde Gould een 'roestvrijstalen, schuin aflopende goot aan een platform in de hoek van de kamer. We smeerden hem in met ghee (gefermenteerde boter) en hadden een roestvrijstalen cementmolen waarmee je ook dingen warm kon maken. We lieten alle architecten aan lange tafels zitten en plaatsten prachtig eten tussen hen in – prosciutto, fantastische olijven, appelkappertjes en kaas. We maakten de polenta in de cementmolen en lieten die door de goot lopen als een rivier.'

Als iemand anders me dit verhaal had verteld, had ik misschien gedaan of ik het grappig vond en het naar het rijk der fabelen verwezen. Als Kevin Gould het vertelt, weet je echter dat hij het waarschijnlijk afzwakt. De werkelijkheid moet nog gekker zijn geweest.

'Ik stel me graag van die oude koloniale types voor die Bufton Tufton en Rolly heten en die ontsmettende pink gins *achteroverslaan. De enige gin waarvan ik ben gaan houden is Martin Miller's 40 per cent proof Westbourne Strength, gedistilleerd in Birmingham en dan naar Borganes op IJsland gestuurd om tot de juiste sterkte te worden vermengd met het schoonste en verfrissendste water dat je je voor kunt stellen.'*

pink gin

gin
bitters, het liefst Angostura van Trinidad of Peychauds uit New Orleans
gesuikerde engelwortel, om te garneren

Maak ijsklontjes door 5 druppels van een bitter in elk compartimentje van een ijsblokjesbak te laten vallen en vul af met water. Vries in.

Doe 3 of 4 blokjes in een ijskoud, ouderwets glas en vul met een flinke scheut gin. Garneer met een dunne flinter heldergroene, gesuikerde engelwortel als roerstaafje.

Desgewenst kunt u elk glas van tevoren voorzien van een randje geleisuiker, die u een kleurtje hebt gegeven met een paar druppels bitter.

'Deze "Cherry Mary's" zijn hersenstimulerende en in de mond exploderende canapés en brengen je weer helemaal bij de les tijdens een zondagse brunch.
U kunt heel wat te weten komen over uw gasten door de manier waarop ze deze niet-vloeibare cocktails eten. Zij die ze meteen, zonder reserves, in hun mond steken en enthousiast reageren, zijn over het algemeen spontanere minaars dan voorzichtige knabbelaars.
Voor dit recept hebt u een injectienaald nodig. Die is te krijgen bij de apotheek. Spuiten van 10 mm worden zo verkocht, maar het is beter om een grotere te gebruiken. Vraag er vriendelijk naar en leg uit dat het enige waaraan u verslaafd bent het goede leven is. Zorg dat de injectiespuit een naald heeft met een zo groot mogelijke diameter omdat het kruidige mengsel de zaak anders kan verstoppen.'

tomaten met liefdesinjectie

12 perfecte cherrytomaatjes, op kamertemperatuur
200 ml goede wodka
1 eetlepel worcestersaus
1 theelepel rode of groene tabasco
een flinke snuf zout, opgelost in het sap van een halve citroen

Onttrek met een lege injectiespuit via het groene kroontje zo veel mogelijk sap aan elke tomaat. Bewaar het eventueel om bij een soep of bouillon te doen.

Meng wodka, worcestersaus, tabasco en zout met citroen en roer grondig door elkaar. Zeef het mengsel door kaasdoek of twee vellen keukenpapier.

Vul de spuit met het gefilterde vocht en klop er een paar keer op om eventuele luchtbellen te verwijderen en professioneel over te komen.

Spuit er, via het kroontje, een beetje van in elke tomaat. Pas op en spuit er niet te veel in, want dan barst het vel: u hebt minder nodig dan u denkt.

Koel, als u de tijd hebt, een uurtje voordat uw gasten arriveren.

Serveer met servetjes want de tomaten kunnen aardig uiteenspatten.

Voor 12 stuks

'Koushary is Egyptisch street food *en werkvoedsel dat alle lagen van de bevolking samenbrengt. Het oude Caïro kent talloze koushary-winkeltjes. Helder verlichte etalages met manshoge bergen rijst, kikkererwten en kruidige tomatensaus lokken voorbijgangers van alle gezindten voor een bijtankpauze. De koushary-versie van rijst gemengd met macaroni komt verwarrend over op westerlingen door de combinatie van twee soorten zetmeel in één gerecht, maar het is een tevredenstellende mix van smaken en texturen. Van te veel koushary ga je lopen als een Egyptenaar, maar er is geen gerecht dat beter de Egyptische paradox illustreert, het land waar men pasta kookt met rijst, waar men de toekomst achter de rug heeft en waar het verleden blijft gebeuren. Dit recept is een (ietwat verfijnde) versie van de rijst die wordt geserveerd in koushary-winkeltjes. Het toont rijst als het makkelijke, smakelijke gemaksvoedsel dat het voor meer dan de halve wereld is.'*

koushary

lichte plantaardige olie om te bakken
1 nestje vermicelli
500 g basmatirijst, in een maatbeker
1½ keer het volume van de rijst aan kokend water
zeezout
boter, eventueel

Verhit de olie in een pan met dikke bodem en deksel en voeg al roerend de vermicelli toe. Die zal in een paar minuten bruin worden. Gooi er, zodra dat gebeurt, de rijst bij. Roer 1 minuut tot elke korrel is bedekt met olie.

Voeg al het water toe en breng aan de kook. Voeg zout naar smaak toe, roer om en doe het deksel stevig op de pan.

Draai het vuur zeer laag en laat ongestoord ongeveer 20 minuten koken (de tijd kan licht variëren, afhankelijk van de versheid en de kwaliteit van de rijst die u gebruikt).

Haal de rijst van het vuur en maak los met een vork. Sommige mensen doen nu graag veel boter door de rijst, ik ben er daar één van.

Laat de rijst, met deksel, 15 minuten rusten voor het serveren.

Voor 4 personen

'Haçik Keshishian, een Armeniër die ooit een kebabzaak had in het Londense Camden Town, was de meester van de gemasseerde schouder. "Schouder!" riep hij dan, wijzend op zijn eigen, brede, gespierde exemplaar, "dat is waar verdorie de beste smaak zit!" Hij liet zien dat dit goedkope deel van het lam speciale aandacht nodig heeft om zijn volle smaakpotentieel te ontwikkelen. "Laat het vlees ontspannen. Bereid het goed voor, neem de smaakstoffen en duw en wrijf op deze manier." Zijn concentratie was volledig; "intiem contact" is geen overdreven term om zijn affectieve benadering van ingrediënten te omschrijven.
Dit recept is door hem geïnspireerd en ik draag het op aan de dierbare herinnering aan Haçik Keshishian, die in 1992 overleed, nadat hij zoveel mensen hemels had laten eten.'

gemasseerde lamsschouder

2 tenen knoflook
1 lamsschouder, ontbeend
1 bosje munt
sap van 1 citroen
olijfolie
zwarte peper
1 eetlepel wittewijnazijn

Verwarm de oven voor op 230 °C. Halveer de tenen knoflook en wrijf het hele vlees in met de opengesneden kanten. Hak de munt grof, maak vochtig met citroensap en olijfolie en draai er wat peper over.

Leg het vlees met de vette kant naar boven. Masseer het aromatische muntmengsel langzaam en methodisch in het vlees met uw vingertoppen. Trek hier minstens 10 minuten voor uit en laat uw eigen stressgevoelens verdwijnen met de knedende en duwende bewegingen. Draai het vlees om, herhaal de massage en bevochtig het mengsel eventueel opnieuw.

Verspreid het muntmengsel over de hele schouder en rol hem dan in de lengte op. Bind de schouder op met keukentouw.

Leg de schouder op een rooster in een bakblik waarin 250 ml water zit. Zet in de oven, temper meteen naar 220 °C en braad 30 minuten. Bedruip royaal met braadvocht, draai de schouder om en zet de oven op 180 °C. Als het braadvocht in het blik aan dreigt te branden, doe er dan wat extra water in. Braad ongeveer 1 uur, haal uit de oven en laat het vlees 15 minuten rusten, losjes afgedekt met aluminiumfolie.

Dep met een dubbele laag keukenpapier het vet uit het blik en deglaceer wat overblijft met de azijn. Giet het vocht in een steelpan en verhit zodat het mengsel borrelt en inkookt. Verwijder het touw van de schouder en serveer in plakken met het braadvocht.

Voor 4 personen

Het moet 1996 of 1997 zijn geweest. De Australische culinair schrijfster Cherry Ripe was mijn tafelgenoot die avond en ze liet me niet vertrekken uit het Darley Street Thai Restaurant in Sydney voordat ik eigenaar-kok David Thompson had ontmoet. Cherry kan zeer overtuigend zijn en verzwakt door de ravage van een jetlag (ik was de dag ervoor aangekomen uit Engeland), maar gelukzalig en voldaan na het meest ongelooflijke Thaise maal dat ik ooit had gegeten, ging ik akkoord.

david thompson

We zaten geduldig in de lippenstiftroze eetkamer, bestelden meer wijn en wachtten. Aan het eind van de avond verscheen de transpirerende en timide chef-kok, met een stapel oude manuscripten verzegeld in plastic mappen. Dit, zo begreep ik, waren slechts een paar van de honderden antieke Thaise kookboeken en memoires uit Thompsons persoonlijke collectie, exquise documenten – waarvan sommige uit de jaren twintig of dertig stamden – die hem hebben geïnspireerd en geïnstrueerd bij zijn uitputtende, wetenschappelijke studie van de Thaise keuken. Ik was geboeid door de memoires over de levens van gegoede Thaise burgers, die door hun families waren opgesteld als deel van het traditionele begrafenisritueel. Als het om vrouwen ging, bevatten deze boeken vaak de recepten die ze hadden gekookt in hun leven; recepten die van generatie op generatie waren doorgegeven. Bij die eerste ontmoeting wist ik weinig meer over Thompson dan dat hij magisch eten kookte, dat in niets leek op het Thaise voedsel dat ik in Londen had gegeten of zelfs in Thailand zelf. Ik besefte dat dit een buitengewoon talent was met een heel specifieke passie. En een droge humor die je op het verkeerde been kan zetten.

We zappen door naar 2004 in Londen als Thompson en ik wat kletsen aan de lunch bij Nahm, het restaurant dat hij in 2001 opende in het Halkin Hotel in Mayfair en waar hij nu adviseur is. We hebben de zoete, zure en zoute complexiteit geproefd van *ma hor* – gemalen garnaal en kip, gesudderd in palmsuiker met gefrituurde sjalot, geserveerd op ananas en mandarijn – en *neua pat nahm prik* – kruidig roergebakken rundvlees – en *geng gari gai* – een aromatische curry van kip met pompoen en een komkommerrelish. Het is een andere eetkamer aan de andere kant van de wereld, maar de smaken roepen levendig die eerdere avond in Sydneys King Cross in herinnering. Thompson is naar Engeland verhuisd en terwijl Australië hem mist, wordt hij omhelsd in Londen. In 2002 werd Nahm het eerste Thaise restaurant met een felbegeerde Michelinster. Ik wilde weten hoe Thompsons affiniteit met Thailand was ontstaan.

'Het was stom toeval,' herinnert hij zich. 'Ik ging naar Thailand in plaats van Tahiti en werd gewoon verliefd op het land. Ik werd verleid door het land, de cultuur en de bevolking. Thailand is een zeer aangename plek en wat ik als kleine blanke jongen uit Sydney spannend vond, was de rand van de chaos waarop de meeste mensen leefden. De energie en de geestdrift waren exotisch en ietwat gevaarlijk.'

Thompson werd opgeleid in de klassieke Franse stijl ('Frans op die stompzinnige Australische manier, waarbij avocado het toppunt van chic is') en had aanvankelijk weinig trek in wat in de jaren tachtig in Sydney moest doorgaan voor Thais eten, dat hij nu omschrijft als een 'clichématige, afgezaagde verwatering van een opmerkelijk culinair erfgoed' (het is interessant dat Thompson denkt dat de aangeboren wil om te behagen de Thai ertoe heeft verleid hun eigen eten te verwateren, uit angst het westerse verhemelte te bruuskeren). Hij herinnert zich een paar 'verachtelijke' Thaise viskoekjes in een restaurant aan Bondi Beach 'en dat heel vreemde kruid genaamd citroengras dat ik zeer onaangenaam vond'. Bangkok was een heerlijke openbaring. 'Als de Thai niet aan het eten zijn, zijn ze eten aan het bereiden,' vertelt hij. 'En als ze niet eten of het bereiden, praten ze erover of zijn ze er boodschappen voor aan het doen. Het Thaise leven draait om eten en ondanks dat ze onafgebroken eten, worden ze niet dik. Er kan geen God in de hemel zijn.'

Hij ontmoette er ook de Thaise partner met wie hij al jaren samen is: Tanongsak Yordwai. 'Via Tanongsak ontmoette ik een oude vrouw die me een andere manier van koken leerde kennen. Het was het eten van de paleizen van Bangkok en het water liep je in de mond.' De vrouw was Sombat Janphetchara, de vrouw van een hoge ambtenaar. 'Ik herinner me nog steeds het eerste gerecht dat ik van haar proefde, een zure oranje curry van *pla chorn* (een vlezige zoetwatervis) die was gefrituurd en dan in een curry was gestopt met een hoop tamarinde, gefrituurde pepertjes en hele rode sjalotten. Ik zie het gerecht nog voor me en kan het nog steeds proeven. De helderheid van haar smaken, de manier waarop ze omging met texturen en de vaardige hand waarmee ze kruidde, konden alleen het gevolg zijn van overgeërfde vaardigheden. Ik was overdonderd.'

Thai Food, het weelderige Darley Street-roze boek dat Thompson in 2002 publiceerde, wordt gezien als het essentiële naslagwerk over de Thaise keuken in de Engelse taal. De auteur doet wat vaag over hoelang hij er precies aan gewerkt heeft, maar ik houd het op een jaar of vijf. Hij bezweert me dat het begon als een boek over Thaise snacks maar dat het maar bleef groeien. 'Je weet hoe verschrikkelijk ongedisciplineerd koks zijn,' zegt Thompson met een knipoog. 'Ik dacht dat de deadline het tijdstip was waarop je begon, dus ik deed helemaal niks. En toen raakte Julie [Julie Gibbs, zijn uitgever bij Penguin Books in Australië] een beetje gefrustreerd, twee jaar na de deadline, en bedacht ik dat ik maar beter kon beginnen.'

Thompson is een praatgrage gesprekspartner. Hij spreekt zacht en snel, maar kiest zijn woorden met precisie om zijn passie en eerbied voor de door hem geadopteerde keuken weer te geven. Als ik vraag wat volgens hem de aantrekkingskracht van de Thaise keuken is, ga ik er al van uit dat ik iets zal horen over een complexe balans van smaak, textuur en geur. 'Het smaakt gewoon verdomde goed, zo simpel is het. Je kunt het over de eerbiedwaardige geschiedenis hebben, over de fascinerende technieken en je kunt er net zo cerebraal over doen als je wilt, maar het bewijs van elke keuken zit hem in hoe hij smaakt.'

Ik vermoed dat er een kern – maar ook niet meer dan dat – van waarheid in zit, maar Thompson produceerde niettemin een opmerkelijk boek van bijna 700 bladzijden. Hij won er een hele stapel internationale prijzen mee, waaronder de Glenfiddich Award in Engeland, wat de wel geopperde bewering dat eliteprijzen voor culinaire boeken nooit naar niet-Britten gaan, ontkracht. 'Anders dan de meeste koks,' verklaart hij, 'die boeken schrijven om mensen naar hun restaurant te krijgen, dacht ik dat ik net zo goed alle sleutels kon geven om deze keuken te ontsluiten, in elk geval alle sleutels die ik ken, en van daaruit groeide het. Het is een hele opsteker je te realiseren dat er ondanks het huidige klimaat van algehele versimpeling nog steeds mensen zijn die zijn geïnteresseerd in het authentieke werk.'

Thompson houdt van Londen en is, in elk geval voorlopig, van plan te blijven. Londen stelt hem, meer nog dan Sydney, in staat echt het eten te koken dat hij graag kookt. Anders dan in Australië zijn er in Engeland geen restricties voor wat hij wil importeren en de meeste producten die in Nahm worden gebruikt, komen uit Thailand. 'We hebben inkopers in Bangkok die alles inpakken en één keer per week krijgen we al onze gember, wilde gember, citroenblaadjes en Thais basilicum. De kwaliteit is voelbaar, uitzonderlijk en anders en daardoor kunnen we dingen doen die anders onmogelijk zouden zijn.'

'Er was een tijd dat je eerst at voordat je naar Londen ging, als je verstandig was,' zegt hij met gespeelde ernst. 'Dat is enorm veranderd. Er is iets charmants aan deze mottige, stinkende, frustrerende, vochtige, vieze overbevolkte stad. En in twee uur kun je in Marseille of in Oostenrijk zijn. Waar kun je vanuit Sydney in twee uur zijn? Dubbo?'

salade van kip en pomelo

dressing
2 korianderwortels
½ grote rode peper, zonder zaad
2 kleine rode pepertjes (*rawit*)
flinke snuf zout
4 eetlepels limoensap
2 eetlepels witte suiker
3 eetlepels Thaise vissaus

100 g geblancheerde kip, in stukjes
225 g pomelo, in segmenten en zonder vliesjes
2 stengels citroengras, fijngesneden
2 Aziatische sjalotjes, in ringetjes
handvol munt- en korianderblaadjes
gefrituurde knoflook (zie noot)
gefrituurde sjalot (zie blz. 115)

Meng alle ingrediënten voor de dressing in een vijzel en stamp ze fijn. De dressing moet niet te sterk zijn, anders overheerst hij de kip en het fruit, maar ook weer niet te flauw: hij moet zoutig zijn en in gelijke mate zoet, zuur en heet.

Meng kip, pomelo, citroengras, sjalotjes en munt- en korianderblad, bestrooi met gefrituurde knoflook en sjalot en serveer.

Noot: Om knoflook succesvol te frituren, moet er een minimale hoeveelheid tegelijk worden gemaakt – meestal minstens zo'n 100 g –, anders is het lastig om het proces te beheersen en kan de knoflook snel en makkelijk verbranden. Snijd de knoflook in de lengte in dunne, gelijke plakjes. Het is belangrijk hem in de lengte te snijden, want dan bakken de plakjes gelijkmatig krokant en worden het geen vervormde schijfjes. De plakjes moeten ook zo dun mogelijk zijn, bijna vliesdun, zodat ze snel en gelijkmatig bakken en krokant en goudgeel worden; als het te snel gaat, verbranden de randjes terwijl de binnenkant nog niet gaar is.

Verhit olie in een wok tot hij redelijk heet is, voeg de knoflook toe en temper het vuur een beetje. Frituur al roerend met een tang. Haal uit de olie zodra de knoflook zijn scherpe, peperige aroma verliest, nootachtig geurt, eerst amber kleurt en dan licht honingkleurig goudbruin. Laat uitlekken en afkoelen op keukenpapier. Giet de olie voor hergebruik door een zeef om stukjes op te vangen; deze knoflookolie kan worden gebruikt voor frituren of roerbakken.

De knoflook is in een luchtdichte verpakking 2-3 dagen houdbaar.

Voor 4 personen als onderdeel van een gezamenlijk maal

david thompson

zure oranje curry met garnalen en betelblad

kippenbouillon
kippenbotten (of een hele kip)
zout
gember
knoflook
groen van lente-uitjes
koolstronk of korianderstengel (wat er maar is)
geschilde daikon
steeltjes van shii-take, eventueel

zure oranje currypasta
4 eetlepels tamarindepulp, zonder zaad
2 eetlepels puree van gedroogde lange rode pepers
een paar kleine hete pepertjes (*rawit*)
flinke snuf zout
3 eetlepels gehakte knoflook
3 eetlepels gemalen gedroogde garnalen (liefst vers gemaakt)
1 eetlepel garnalenpasta (*gapi* of *trassi*)

1 eetlepel tamarindewater, eventueel (zie: noten)
5 rode Aziatische sjalotjes
snufje witte suiker
2 eetlepels Thaise vissaus
2 opgehoopte eetlepels zure oranje currypasta (zie boven)
6 schoongemaakte grote garnalen
paar gescheurde betelblaadjes
snufje geroosterd chilipoeder, of naar smaak (zie: noten)
3 gefrituurde gedroogde lange rode pepers

Zet voor de bouillon de afgespoelde botten op in koud water en blancheer ze met een snufje zout. Haal uit de pan en spoel de botten nogmaals af. Breek ze lichtjes met een vijzel of een zwaar voorwerp, zet weer in vers koud water, voeg wat zout toe en breng aan de kook. Laat 20 minuten sudderen en voeg dan de groenten toe. Laat 2 uur sudderen en zeef.

Maak voor de currypasta alle ingrediënten in de opgegeven volgorde fijn met een vijzel; wacht met het toevoegen van het volgende ingrediënt steeds tot alles grondig gepureerd is. Als u tamarindepulp in de pasta gebruikt, is het tamarindewater voor de curry niet echt nodig.

Doe voor de curry een snuf zout in 750 ml van de bouillon en breng aan de kook. Voeg (eventueel) het tamarindewater en de sjalotten toe en sudder gaar. Breng op smaak met suiker en vissaus. Doe er de currypasta bij en laat een minuutje sudderen. Proef op smaak: deze dunne curry moet zoutig, zuur en heet zijn. Voeg garnalen, betelblad, chilipoeder en gefrituurde pepers toe en sudder tot de garnalen roze zijn.

Noten: Breek voor het maken van tamarindewater een stuk pulp af, spoel af om oppervlaktegist te verwijderen, zet onder een vergelijkbare hoeveelheid warm water en laat een paar minuten staan om zacht te worden. Knijp en bewerk de pulp om hem op te laten lossen en zeef dan om vezels en zaad te verwijderen. Het is het best om het tamarindewater vrij dik te maken, want dan kan het later altijd nog worden verdund; erg dun tamarindewater bij een currysoep of relish kan het geheel al te dun maken.

Rooster voor geroosterd chilipoeder 200 g gedroogde hete pepertjes of gedroogde lange rode pepers in een wok of een pan op halfhoog vuur, onder regelmatig roeren om aanbranden te voorkomen, tot ze van kleur veranderen en opgeuren. Laat afkoelen en maal dan tot grof of fijn poeder, naar eigen voorkeur, in een vijzel of een schone koffiemolen. Het poeder is goed houdbaar in een luchtdichte verpakking.

Voor 4 personen als onderdeel van een gezamenlijk maal

Boven: zure oranje curry met garnalen en betelblad
Rechts: mangoestan, lychees en rambutan in geparfumeerde siroop met groene mango en gefrituurde sjalot

roergebakken taugé met gele bonen, knoflook en rode peper

2 tenen knoflook
snufje zout
1 lange rode peper
plantaardige olie voor het bakken
150 g taugé
3 eetlepels gelebonensaus
snufje witte suiker
125 ml kippenbouillon (zie blz. 111)
2 eetlepels lichte sojasaus

Maak de knoflook met wat zout fijn in een vijzel. Voeg rode peper toe en maak ook fijn.

Verhit een wok, doe er de olie in en dan taugé, knoflook met rode peper, bonensaus en suiker. Voeg bouillon en sojasaus toe zodra de taugé slap wordt. Serveer meteen.

Voor 4 personen als onderdeel van een gezamenlijk maal

david thompson

mangoestan, lychees en rambutan in geparfumeerde siroop met groene mango en gefrituurde sjalot

200 g witte suiker
300 ml water, liefst geparfumeerd met wat jasmijn of rozenwater
1 pandanblad, in knoop gedraaid
geraspte schil van *som saa* (of anders sinaasappelschil)
flinke snuf zout, misschien wel een theelepel
wat sap van *som saa* (of een ander citrussap)
jasmijnbloemen, eventueel (het is essentieel dat ze biologisch zijn)
10 gemengde mangoestans, lychees en rambutans
wat geplet ijs – misschien geparfumeerd met wat jasmijn of rozenwater
1 eetlepel groene mango, in sliertjes
3 eetlepels gefrituurde sjalot (zie: noot)

Maak de siroop door suiker en water te laten sudderen en voeg pandanblad, rasp van *som saa* en zout toe. Giet er net voor u alles van het vuur haalt het *som saa*-sap bij. Laat nog even sudderen en haal van het vuur. Laat afkoelen en zeef. Doe er eventueel wat jasmijnbloemen in om het parfum te verdiepen.

Schil het fruit en verwijder zaad. Giet de koude siroop over het fruit, voeg geplet ijs en de groene mango toe, bestrooi met gefrituurde sjalot en serveer.

Noot: Gefrituurde sjalot is een belangrijke garnering in de Thaise keuken. Het is in toko's verkrijgbaar, maar het is veel beter om het zelf te maken. U moet minstens 200 g sjalotten tegelijk bakken om het bakproces in de hand te houden, anders kunnen ze makkelijk en snel verbranden. Met 400 g Aziatische sjalotten houdt u 200 g gefrituurde over. Snijd de sjalotten in de lengte in heel dunne, gelijksoortige plakjes. Verhit olie in een wok tot hij redelijk heet is, draai het vuur hoger en voeg de sjalotten toe. Pas op want de olie zal opborrelen. Temper het vuur licht als de olie weer zijn oorspronkelijke temperatuur heeft. Frituur al roerend met een tang tot de sjalotten beginnen te verkleuren. Zorg dat de olie de hele tijd vrij heet blijft, anders absorberen de sjalotten olie en worden ze slap. Bedenk dat de sjalotten nog verder garen nadat ze uit de olie zijn gehaald. Haal ze dus uit de pan zodra ze hun uienaroma verliezen en aantrekkelijk nootachtig gaan ruiken, goudgeel worden en aan de tang beginnen te kleven. Laat ze afkoelen en uitlekken op keukenpapier. De sjalotten moeten krokant worden bij het afkoelen en verrassend weinig olie bevatten. Giet de olie voor hergebruik door een zeef om stukjes te verwijderen; de sjalottenolie kan worden gebruikt om te frituren of te roerbakken.De sjalot is in een luchtdichte verpakking 2 dagen houdbaar.

Voor 4 personen als onderdeel van een gezamenlijk maal

sybil kapoor

Ik ging er al te makkelijk, zij het niet helemaal onlogisch, van uit dat Sybil Kapoor Indiase was, dus toen ik het café binnenkwam waar we eind 1997 hadden afgesproken, was Sybil Kapoor de laatste persoon van wie ik dacht dat het Sybil Kapoor was. Kapoor spreekt rustig en precies, is wat mijn moeders generatie zou hebben omschreven als een 'ondeugd' en ze is onmiskenbaar Engels, afkomstig uit de landelijke Surrey Downs in Zuid-Engeland. In feite nog in elke vezel de Sybil Polhill die ze was voordat ze 23 jaar geleden haar man Raju Kapoor trouwde, een neuroloog.

Sybil Kapoor was vanaf het begin in maart 1998 medewerker van *Food Illustrated*. Haar maandelijkse recepten, die mooi het ritme van de seizoenen volgden, werden een vast onderdeel van het blad. Het omslag van het eerste nummer bevatte de brutale vraag: 'Wat is Brits eten?' onder een etherische foto van Kapoors violette amandel-chocoladeprofiterolles. Achteraf gezien doet het begeleidende artikel, met meer 'modern Britse' recepten, David Loftus' magische foto's, maar een frustrerend korte tekst, onrecht aan Kapoors kennis van haar onderwerp. Ik denk dat ze de hedendaagse expert is in de Britse keuken, volgend in de voetsporen van haar eigen mentors, schrijvers als Jane Grigson, de minder bekende Dorothy Hartley en Mrs. Beetons negentiende-eeuwse voorgangster Eliza Acton.

Om een uitdrukking van Tamasin Day-Lewis te lenen: Sybil Kapoor is een 'kookgeleerde'. Het is een vreemde term die echter goed bij haar past. Kletsend in de woonkamer van haar fraaie, in het centrum van Londen gelegen huis vraag ik Kapoor of haar sterk intellectuele benade-

ring haar als voedselhistoricus kwalificeert. 'Ik denk dat een historicus iemand is die echt diep onderzoekt. Ik doe goed onderzoek, maar ik lees geen oude manuscripten. Ik vind mezelf hedendaagser dan dat. Maar ik ben gefascineerd door de culinaire geschiedenis, ik houd ervan mensen een idee te geven van wat er zich eerder afspeelde, een idee van continuïteit.'

In veel opzichten is ook Kapoor een toevallige foodie. In elk geval een toevallig culinair schrijfster. De weg naar haar beroep – en zeker naar haar ideeën over de Britse keuken – was nogal lukraak. Een ongelukkige periode als secretaresse leidde ertoe dat ze directielunches ging bereiden in bedrijfsrestaurants.

'Ik beleefde een paar rampen, maar ik werd verliefd op koken en besefte dat dit mijn roeping was.' Ze beschrijft het werk voor Justin de Blank in zijn kleine restaurant in het Londense Institute of Contemporary Art [ook Nigel Slater 'studeerde af' bij De Blank] als haar eerste 'echte baan'. 'We maakten alles zelf, het brood, de yoghurt, letterlijk alles en het was allemaal erg beschaafd. We hadden koffie- en theepauzes – waarvan ik toen niet wist dat dat ongebruikelijk was – en ik dacht: "Dit is een heerlijk leven!"'

Een paar jaar later waren de zaken een stuk minder beschaafd, maar niet minder inspirerend, toen Kapoor en haar man tijdelijk naar New York verhuisden en ze in de keuken ging werken bij Jams, een dapper restaurant dat amodieus, robuust Californisch eten serveerde aan modieuze New Yorkers op het hoogtepunt van de nouvelle cuisine-rage. Ze was al een fan van Alice Waters' ingehouden kookstijl bij Chez Panisse in Berkeley, Californië (Kapoor noemt Waters' *Chez Panisse Cookbook* als een van haar blijvende invloeden) en ze vond het een openbaring. 'Het was vrijestijl eten en erg mooi,' herinnert ze zich. 'Ze herinterpreteerden Amerikaanse gerechten met gebruik van fantastische Amerikaanse producten en combineerden die met Franse sauzen, verbluffende salades en grillgerechten. Woody Allen en Jackie

Onassis betaalden enorme bedragen voor perfecte Franse frietjes met een op mesquite-hout gegrilde entrecote met rodewijnsaus.'

Terug in Engeland werkte Kapoor voor chef-kok Sally Clarke in haar gerenommeerde, gelijknamige restaurant in het Londense Kensington voor ze besloot op eigen benen te gaan staan. 'Sommige besprekingen [over Clarkes] gingen over gerechten die ik had gemaakt en ik besefte ineens mijn eigen kunde. Tot dan was ik erg onzeker. Maar dit was niet de ik die recepten gebruikte, maar de ik die beslissingen nam. Ik begon echt mijn eigen kookstijl te ontwikkelen en die was modern Brits, heel goed vergelijkbaar met wat ik nu nog doe: simpel met een sterke nadruk op de seizoenen maar ook een goed begrip van Aziatische filosofieën.'

'Zwarte maandag', de crash van de Britse aandelenmarkt in 1987, maakte een eind aan Kapoors slimme maar ambitieuze plannen. Een nieuw carrière in de culinaire journalistiek wenkte toen ze werd gevraagd besprekingen te doen voor Egon Ronays restaurantgids.

De hoofdredacteur, Drew Smith ('een excentriek genie'), was ook de hoofdredacteur van het nieuwe blad *Taste* en hij bood haar een contract aan. 'Ik zei tegen hem: "Ik heb nog nooit geschreven, weet u zeker dat u weet wat u doet?" Hij zei: "Nee, maar ik ken je eten en als je niet goed kunt schrijven, gebruiken we gewoon je recepten. Niks aan de hand."'

Kapoors beschrijving van *Taste* als 'een heel klein team met nauwelijks budget' komt me al te bekend voor, zoals dat bij veel tijdschriftredacteuren het geval zal zijn, maar felicitaties aan de heer Smith, voor zijn moed en vooruitziende blik. *Taste* hield het maar een paar jaar vol, maar wordt met respect en liefde herinnerd door veel Britse culinaire schrijvers en fotografen, het maakte ruim baan voor *Food Illustrated* en het ontdekte Sybil Kapoor. 'Ik wilde altijd al schrijven en ik was er dol op, het paste bij me als water bij een eend,' lacht ze. 'Ik begon ook te schrijven voor *The Saturday Telegraph* en toen werd ik gevraagd voor mijn eerste boek. Het leek of de wereld mijn oesterschelp was.'

Modern British Food (1995) werd gevolgd door *Simply British* (1998). Het definiëren van de hedendaagse Britse keuken is een centraal thema in Kapoors geschriften. Haar *mod Brit*-recepten in dat eerste nummer van *Food Illustrated* zullen de purist misschien verrassen. Behalve de eerder genoemde profiterolles met hun amandelschaafsel en room met kirsch was er piepkuiken met morieljes ('Vooral lekker bij pappardelle of tagliatelle,' schreef Kapoor), gebraden lamsvlees met munt en wilde knoflook, gekarameliseerde citroenroom en een salade van garnalen, nieuwe aardappel en rucola. Het eerste boek probeerde de Britse keuken vast te leggen in seizoenen, terwijl het tweede is verdeeld naar ingrediënten die Kapoor als typisch Brits ziet. Hoewel ik vlierbesbloemen, lavendel, fazant en wild niet associeer met mijn eigen herinneringen aan een jeugd in Engeland, is er genoeg waar ik dat wel mee heb: kippers, lam, grijze garnalen en de gehate kruisbessen, rabarber en rode biet uit mijn kindertijd.

'Zijn we niet zulke hopeloze koks dat we zijn gedwongen dingen te stelen uit het buitenland?' schreef Kapoor pesterig in 1998. Ze vindt dat de Britten tegenstrijdig zijn als het over eten gaat. Aan de ene kant zijn ze experimenteel en staan ze open voor nieuwe smaken en nemen ze die achteloos over als hun eigen (denk maar aan de bizarre cult van de kip *tikka masala*), terwijl ze ook vasthouden aan een benauwd, bijna bevooroordeeld idee over wat hun nationale keuken inhoudt. 'Ik zou zeggen dat Brits voedsel alles is wat wordt geproduceerd of gekookt door iemand die in Groot-Brittannië woont. De enige manier waarop je het misschien enger kunt definiëren is via ingrediënten. Brits eten is niet als Frans eten, waar de regels zo vastliggen. Wij zijn volledig vloeibaar en dat is het mooie.'

'Ingehouden' is een trek die Kapoor als erg Brits ziet. Haar recepten hebben, hoewel ze zeer gevarieerd zijn, delicaatheid en eenvoud als handelsmerk. De smaakbalans overheerst en Kapoors derde boek, *Taste* (2003), heeft dit dan ook als thema. 'Ik wil dat mijn eten spannend en aangenaam is, maar ik heb geen zin in complexe dingen.' Ze beschouwt citrus met rode peper, sojasaus en gember als een voor haar typische smaakcombinatie. 'Dat zijn de dingen waar ik altijd mee speel, ik houd van hun pit.'

De kookgeleerde heeft genoeg ideeën voor de toekomst. Ze wil heel graag een boek maken over onze persoonlijke relatie met eten ('Als mensen bij ons aan tafel komen eten, geven we net zo'n sterke boodschap over wie we zijn en waar we voor staan als door wat we dragen'). Maar het restaurant dat in 1987 op de tekentafel is blijven liggen, is geen optie. 'Ik denk dat de levensstijl voor een restaurant meer iets is voor als je jonger bent. Ik heb het nu perfect naar mijn zin. Ik heb de creativiteit waar ik van houd, ik heb het schrijven waar ik van houd, ik heb mijn eigen ruimte en vrijheid, dus voor mij is het gewoon idyllisch.'

'Ik kan me nog steeds mijn eerste Chinese maaltijd herinneren. Het was bij Mr Chow's in Knightsbridge in Londen. Ik was ongeveer elf en dacht dat het het toppunt van verfijning was in "Swinging Londen". Ik heb sindsdien veel ideeën uit die keuken in mijn repertoire proberen op te nemen. Dit recept is typisch voor mijn pogingen eind jaren negentig.'

honing-chiligarnalen in slablad

450 g gepelde, rauwe grote garnalen (ongeveer 750 g ongepeld)
1 klein eiwit
1 eetlepel maïzena
2 tenen knoflook, fijngehakt
2 eetlepels honing
2 eetlepels wittewijnazijn
2 eetlepels sojasaus
4 eetlepels zonnebloemolie
100 g gezouten cashewnoten
1/2 theelepel gedroogde rodepepervlokken
bosje lente-ui, in stukjes
230 g waterkastanjes, uit blik, afgegoten en gehalveerd
8 komvormige ijsbergslabladeren

Snijd met een scherp mesje de rug van de garnalen in en verwijder de donkere draad. Spoel af en dep droog. Klop het eiwit met de maïzena. Meng er de garnalen door met de helft van de knoflook. Dek af en zet in de koelkast.

Meng honing, azijn en sojasaus. Zet weg.

Verhit vlak voor de maaltijd een grote koekenpan met antiaanbaklaag of een wok op hoog vuur. Doe er 3 eetlepels olie in en verhit tot hij rookt. Voeg de garnalen toe en bak 2 minuten of tot ze aan beide kanten zijn verkleurd. Haal ze met een schuimspaan uit de pan en zet ze weg in een kom.

Haal de pan van het vuur en doe er snel de cashewnoten en pepervlokken in en roerbak kort tot ze verkleuren. Doe de kruidige cashewnoten bij de garnalen. Zet de pan weer op hoog vuur en voeg de resterende olie toe. Voeg de rest van de knoflook, de lente-ui en de waterkastanjes toe. Roerbak 1 minuut en doe noten en garnalen weer in de pan, samen met het honing-sojamengsel. Breng aan de kook, laat wat indikken, schep in de slabladeren en serveer.

Voor 4 personen

sybil kapoor

'Voor mij draait koken helemaal om het begrijpen van mijn ingrediënten en het naar boven brengen van hun optimale smaak. Uit dit voorgerecht spreekt mijn streven om mijn recepten in te tomen en zo pure, spannende gerechten te creëren. Het staat in mijn laatste boek Taste: A New Way to Cook. *De simpele combinatie van zuur, bitter en zout accentueert prachtig de zoetheid van het witlof en de gerookte zalm.'*

salade met witlof, kappertjes en gerookte zalm

6 stronkjes witlof, schoongemaakt
2 kleine rode uien, in ringen
2 volle eetlepels kappertjes
200 ml crème fraîche
2 eetlepels goede extra vergine olijfolie
2 theelepels citroensap
zout en vers gemalen zwarte peper
400 g gerookte zalm, in dunne plakjes
$1^1/_2$ citroen, in 12 partjes

Snijd de witlofblaadjes in de lengte in repen. Doe ze in een ruime kom met de ui. Spoel de kappertjes af en dep droog met keukenpapier. Klop de crème fraîche in een kommetje met 2 eetlepels koud water.

Besprenkel het witlof met olijfolie en citroensap. Schep goed om en breng voorzichtig op smaak met zout en peper. Verdeel over zes borden en schik er de plakjes zalm tussen. Bestrooi met kappertjes en druppel wat crème fraîche over de zalm. Leg de partjes citroen op de rand van het bord en serveer meteen.

Voor 6 personen

sybil kapoor

'Ik ben dol op frites en vind altijd wel een smoes om ze te eten! Niet van die slappe, vette frites, maar krokante, dunne frites met zeezout. Dus hier zijn wat licht gekruide kalfsburgers met citroen om mijn frites te begeleiden. Ik gebruik alleen biologisch of groepskalfsvlees.'

kalfsburgers met gegrilde rode uien en frites

burgers
2 eetlepels olijfolie
1 ui, gesnipperd
1 rode peper (of naar smaak), fijngehakt
geraspte schil van 2 citroenen
4 eetlepels fijngehakte bladpeterselie
1/2 eetlepel fijngehakte citroentijm
500 g mager kalfsgehakt
zout en vers gemalen zwarte peper

frites
4 grote bakaardappelen, zoals bintjes
maïsolie voor het frituren
fijn zeezout

2 kleine rode uien, in ringen
3 eetlepels olijfolie
knapperige groene salade, om te serveren

Verhit voor de burgers de olijfolie in een kleine koekenpan en fruit ui en rode peper tot ze zacht zijn. Schep in een kom en meng met citroenrasp, gehakte kruiden, kalfsgehakt, zout en vers gemalen zwarte peper. Bak in dezelfde pan een klein stukje van het mengsel en controleer de smaak. Als deze u bevalt, maakt u van het mengsel vier burgers. Dek af en zet in de koelkast.

Schil de aardappelen en snijd er dunne frites van. Leg ze in een kom koud water en laat 20 minuten staan om overtollig zetmeel te verwijderen.

Verhit de maïsolie in een frituurpan tot 160 °C. Giet de aardappelen af, draai de helft even in een slacentrifuge om overtollig water kwijt te raken en dep droog met keukenpapier. Laat in de hete olie zakken en herhaal, terwijl ze bakken, het droogproces met de tweede portie. Bak de frites tot de buitenkant krokant en niet verkleurd is en de binnenkant zacht (ongeveer 4 minuten). Schud overtollige olie af en laat afkoelen op keukenpapier. Herhaal met de rest van de frites. Als ze zijn afgekoeld kunnen ze tot gebruik in de koelkast worden bewaard.

Verhit voor het serveren de olie tot 180 °C en bak de frites in porties, ongeveer 5 minuten, tot ze goudgeel en krokant zijn. Laat uitlekken op keukenpapier, bestrooi met zout en serveer met de kalfsburgers.

Bak de uiringen en burgers zo mogelijk op een barbecue. Verhit anders vlak voor het serveren een geribbelde gietijzeren grillpan op halfhoog tot hoog vuur. Haal de uienringen door 2 eetlepels olijfolie. Breng op smaak met zout en peper, leg ze op de barbecue of grillpan en bak ze zo'n 2 minuten per kant of tot ze goudbruine strepen hebben en licht gegaard zijn. Schep in een kom en dek af.

Haal de burgers door de rest van de olijfolie en leg ze op de barbecue of grillpan. Bak ze ongeveer 5 minuten per kant voor medium. Serveer met de uienringen, frites en een knapperige groene salade.

Voor 4 personen

'De romantiek van koken bestaat voor mij voor een deel uit de poging het gevoel van het seizoen en het platteland in mijn eten te vangen. Een van de manieren waarop ik dit probeer te doen, is door gerechten te doortrekken met bloemgeuren, zoals lavendel, vlierbloesem of roos. Ik creëerde dit ijs in 1997 en het is sindsdien een zomerfavoriet gebleven. Het is essentieel dat u onbespoten lavendelbloemen gebruikt. De beste bron is lavendel uit eigen tuin. Gebruik calvados als u geen Poire Williams kunt vinden.'

lavendel-perenijs

285 ml room
2 takjes lavendelbloemen
sap van 1 citroen
3 rijpe peren
4 eierdooiers
170 g fijne kristalsuiker of witte basterdsuiker
1 eetlepel Poire Williams

Verhit de room met de lavendel in een steelpan op laag vuur. Breng langzaam tegen het kookpunt, haal van het vuur en laat 30 minuten trekken.

Doe het citroensap in een roestvrijstalen steelpan. Schil een peer, snijd in vieren, verwijder klokhuis, hak grof en haal grondig door het citroensap zodat de peer niet verkleurt voordat u met de volgende verdergaat. Zet op bescheiden vuur en laat zachtjes 10 minuten sudderen of tot het fruit zacht is. Pureer en zet weg.

Klop de dooiers met de suiker dik en romig. Giet er langzaam de lavendelroom bij en zet op laag vuur, onder voortdurend roeren met een houten lepel tot een dikke custard ontstaat. Dit duurt zo'n 20 minuten. Verwijder na de eerste 5 minuten de lavendel. Stop niet met roeren en verlies de custard niet uit het oog in dit stadium, want hij kan makkelijk schiften. Haal van het vuur en voeg al roerend de perenpuree toe en daarna de Poire Williams. Dek af en zet in de koelkast zodra het mengsel koud is.

Draai de koude custard in een ijsmachine volgens de gebruiksaanwijzing. Dit ijs is bijzonder lekker met verse, besuikerde frambozen.

Voor 6 personen

sybil kapoor

Wanneer ben je in Australië echt een icoon? Donna Hays boeken mogen dan wel in elke Australische keuken op de plank staan (zo lijkt het in elk geval), haar gelijknamige blad mag misschien op alle hippe koffietafels in het land liggen, de Amerikaanse lifestyle-diva Martha Stewart mag dan wel geprobeerd hebben haar in te lijven en ze mag dan haar eigen keukenspullenlijn in warenhuis David Jones hebben... Maar pas toen een van de hoofdrolspeelsters in de cultkomedie *Kath & Kim* uitriep dat ze kon koken als de beste, dat ze een soort 'Donna Hay' was, wist ik pas zeker dat Hay een modern culinair fenomeen is.

donna hay

Ik ga terug naar 1998 en een telefoontje naar fotografe Petrina Tinslay in haar studio in Sydney over een idee voor een kerstartikel in *Food Illustrated*. We wilden een alternatieve kerst, misschien een zonovergoten barbecue, als contrast met de traditionele kalkoen en aanverwanten die, uiteraard, ook in het nummer zouden staan. Tinslay raadde een jong culinair talent aan, genaamd Donna Hay, die destijds culinair redacteur van *Marie Claire* was. De uitwisseling van mails die daarop volgde, resulteerde in Donna's, voor een Brits publiek, intrigerend exotische kerstmenu, bestaande uit oesters met wasabi, West-Australische rivierkreeft, ijstaart met Tokay en chocolade-perzikpanforte verpakt in bananenbloemen. Absurd onmogelijk voor een Britse kerst en waarschijnlijk slecht redactiewerk van mijn kant, maar de beelden van Donna en haar vrienden, picknickend tegen een achtergrond van glinsterend water en wolkenloze hemels, maakten alles ruimschoots goed – wat mij betreft dan. We plaatsten het artikel onder de kop 'Bay Watch Barbie', wat ons destijds wel geïnspireerd klonk. Er was geen barbecue te zien, maar dat deed er amper toe. Het was Australië, toch? Dan stond er vast wel ergens eentje in de buurt.

PLATE

Vanaf dat artikel is Donna Hay nadrukkelijk aanwezig geweest in mijn werkende leven, als een krachtige mix van vriendin, muze, tegenstander en, een enkele keer, *bête noire*. Bij haar bezoeken aan Londen ontmoetten we elkaar tijdens lunch of diner en vergeleken we onze bevindingen met onze respectievelijke tijdschriften. De opvallende, typische wit-op-witstijl die Donna en Petrina Tinslay perfectioneerden (ze waren een dynamisch en bijna onscheidbaar team), was de belichaming van de hippe, gewilde Australische *look*. Ik vond het een eer door haar Britse uitgever te worden gevraagd om haar eerste boek te lanceren in Terence Conrans Bluebird Café in Chelsea, waar ik een aarzelend toespraakje hield en suggereerde dat de auteur misschien wel enig talent had.

In de jaren daarna was ik kort Hays hoofdredacteur in Australië bij het ter ziele gegane *Marie Claire Lifestyle*, schreef ik regelmatig over haar voor de Britse pers (ze merkte ooit pesterig op dat ik aardig aan haar moest verdienen) en concurreer ik recentelijk met haar zeer succesvolle tijdschrift om haar lezers en reclamedollars. Op professioneel niveau kruisen we de degens, of in elk geval de Sabatiermessen (Cherry Ripe wilde ons voor haar artikel in *The Australian* over de lancering van *ABC delicious* en *Donna Hay* in 2001 laten poseren met keukenmessen gericht op elkaars keel of rug – we bedankten), maar in feite heb ik immense bewondering voor Donna Hays heldere visie, vastberadenheid en professionalisme.

Hoewel critici soms wat mompelen over 'alleen maar stijl, geen inhoud' ('Ja, die vinden we erg leuk,' zegt Hay, die ervan op de hoogte is), is ze niettemin een enorme, veranderende kracht aan het Australische en internationale culinaire front. Haar vijf-ingrediëntenrecepten en eenvoudig voedselmeesterschap zijn op hun manier net zo motiverend en invloedrijk geweest als Jamies schattige gelispel en vrolijke praatjes.

Donna Hay is nog maar halverwege de dertig en een internationale ambassadrice voor de Australische keuken, wier nauwgezette stijl van bestudeerd minimalisme ('Van simpel naar speciaal,' is de Haymantra) duizenden imitators heeft voortgebracht. Haar boekverkoop over de hele wereld is stratosferisch en de oplage van haar blad (ze verliet de *Marie Claire*-stal in 2000) overtreft die van traditionele rivalen als *Vogue Entertaining + Travel* en *Australian Gourmet Traveller*. Aan de lunch in de binnenstad van Sydney is Donna echter een bedeesd icoon. Zich bewust van Australiës favoriete sport om alles weg te maaien boven het korenveld en nog lijdend onder een recente scheldpartij in een Australische krant, is ze ingetogener en terughoudender dan je van een fenomeen zou verwachten. 'Ik wil niet vooroplopen, zo ben ik helemaal niet. Ik produceer liever zaken die altijd van een hoge standaard zijn, mooi zijn. Mijn werk ontstaat geleidelijk, het gebeurt gewoon.'

Hay heeft altijd duidelijk gemaakt dat ze haar vaardigheid en gevoel voor koken niet heeft geërfd van haar moeder. 'Mijn moeder probeert me er nog altijd van te overtuigen dat ik mijn kooktalent van haar heb geërfd,' schreef ze in 1998 in *Food Illustrated*. 'Dat weet ik zo net nog niet.' Vraag haar wie haar leermeesters waren en ze is al even terughoudend. 'Het klinkt zo arrogant als ik zeg dat ik geen leermeesters heb,' lacht ze, 'maar ik heb mijn eigen visie. Ik heb echt respect voor een heleboel mensen, maar ik heb een enkelvoudige visie.' Verder aandringen levert landgenoten als chef-koks David Thompson en Martin Boetz (beiden zijn meesters in de Thaise keuken en een Aziatische esthetiek, in de zin van smaak en presentatie, is duidelijk in veel van Hays werk), maar echte emotie wordt gereserveerd voor de vrouw die sommigen zien als haar rolmodel, anderen als haar alter ego: de Amerikaanse Martha Stewart. 'Zij is het helemaal wat mij betreft, ik ben nog steeds fan in hart en nieren. Ik heb nooit iemand anders ontmoet wiens aura het hele gevoel in een kamer verandert nog voordat ze iets heeft gezegd. Ze heeft absoluut presentie.'

Toen het *Donna Hay Magazine* in 2001 werd gelanceerd, waren de vergelijkingen met het blad *Martha Stewart Living* onvermijdelijk. De twee vrouwen ontmoetten elkaar toen Hay als gast werd gevraagd voor Stewarts tv-show en het daaropvolgende aanbod van Stewart om culinair redacteur van haar blad te worden (wat Hay afwees), is nauwelijks een uitgeefgeheim. Maar Hay is altijd snel geweest met ontkennen dat ze zichzelf als een Australische Martha ziet, helemaal sinds de bekende schandalen rond Stewart in 2004. 'Ik wil niet worden vergeleken met Martha, ik zal nooit die gedrevenheid hebben. Mensen snappen niet dat ik niet op de cover van mijn blad wil staan. Daarom ben ik het blad niet begonnen, om een soort Martha te zijn.'

Ik kan het niet helpen dat ik de ambitieuze, jonge culinaire stiliste die ik in Londen ontmoette, die recepten samenstelde in een keuken in de grauwe oostelijke buitenwijk Hackney (en tobde over de grote afstand naar Chelsea), vergelijk met de onbuigzame, zelfbewuste zakenvrouw voor me. 'Ik weet zeker dat elke man bij News Corp [haar Australische uitgever] zal zeggen dat ik lastig ben,' zegt ze, alsof ze mijn gedachten leest. 'Maar ik zie mezelf heel anders dan anderen me zien, de gedreven Donna Hay die door roeien en ruiten gaat. Mensen denken dat als ik andere stilisten met een bord zie, ik ze het liefst overhoop zou rijden om het bord nog op te vangen voordat het de grond raakt. Ik houd van perfectie, maar ik ben ook weer niet zo gedreven. Ik ben Australisch, relaxed, we zien wel wat er komt.'

Relaxed? Niet gedreven? De jongens van News Corp zullen verrast zijn dat te horen. Dit is een vrouw die ooit op handen en voeten een hele schapenstal uitboende voor een fotoreportage en aan het spit geroosterd wild en vijgenpavlova's serveerde aan de verbijsterde schapenscheerders. Tja.

'De simpele, verse smaken van dit pastagerecht maken het telkens weer een succes. Het is echt een kantoorfavoriet en we eten het nog regelmatig bij onze personeelslunches in de studio, vandaar de naam.'

studiopasta

400 g spaghetti
1½ eetlepel olijfolie
4 lange, rode pepers, zonder zaad en in reepjes
40 g gezouten kappertjes, afgespoeld
45 g geraspte citroenschil
3 tenen knoflook, in plakjes
150 g rucola, gehakt
80 ml citroensap
zeezout

Kook de pasta in een ruime pan gezouten water beetgaar. Giet af, doe weer in de pan en houd warm.

Verhit de olie in een koekenpan op halfhoog tot hoog vuur. Bak de pepers en kappertjes krokant, voeg citroenrasp en knoflook toe en bak nog 1-2 minuten of tot het goudgeel is. Schep om met pasta, rucola, citroensap en zout en serveer meteen.

'Meestal hergebruik ik geen recepten, maar dit recept veroorzaakte zoveel beroering in het eerste nummer van Marie Claire *dat ik besloot dat het een plaats verdiende in mijn eerste boek. Ik houd van dit recept en dat gold duidelijk ook voor de lezers van het boek. Toen ik een jaar na publicatie op een signeertour ging, kwam ik zoveel mensen tegen die het hadden gemaakt en ze waren er allemaal enthousiast over. Het was een heel vreemd idee dat mensen van Sydney tot Londen en van Vancouver tot New York allemaal van hetzelfde gerecht hadden genoten.'*

gegrilde balsamicokip met limoen

3 eetlepels balsamicoazijn, plus extra om te besprenkelen
2 tenen knoflook, fijngehakt
2 eetlepels olijfolie
grof gemalen zwarte peper
4 kipfilets
4 limoenen, gehalveerd
gemengde groene slabladeren

Meng azijn, knoflook, olie en peper en giet over de kip. Laat 5 minuten marineren en haal de kip dan uit de marinade.

Gril de kip op een barbecue of in een grillpan 1-2 minuten per kant of tot hij gaar is. Leg ondertussen de limoenen op de barbecue of in de grillpan om ze te karameliseren.

Verdeel de sla over de borden, snijd de kip en schik op de sla. Besprenkel met extra balsamicoazijn en serveer met de limoen.

Voor 4 personen

'Technisch gezien is dit geen recept, maar het blijft een van mijn favoriete manieren om lezers iets eenvoudigs te tonen waar je een kleine draai aan geeft. Wie had gedacht dat het druppelen van saus aan de binnenkant van hoge glazen zo veel teweeg zou brengen? Maar mensen hebben het er nog over! Of het nu voor een klein kind of voor een volwassen kind is, het houdt ze eindeloos bezig.'

gestreepte milkshakes

aardbeien- of andere fruitsaus
melk
vanille-ijs

Laat met een lepel fruitsaus langs de binnenkant van elk glas lopen. Giet er voorzichtig tot drie kwart van de hoogte melk in en maak af met een lepel ijs. Serveer met rietjes.

'Twee van mijn favoriete dingen door elkaar: vanille-ijs en frambozen – jammie. Dit recept is erg makkelijk, maar zorgt altijd voor opwinding als ik het serveer als een middagtraktatie of als dessert. Er is maar één nadeel: er blijft nooit wat over.'

frambozensemifreddo

3 eieren
2 extra eierdooiers
½ theelepel vanille-extract
230 g fijne kristalsuiker of witte basterdsuiker
500 g bevroren frambozen
430 ml slagroom

Bekleed de bodem van een cakeblik van 8 x 26 cm met bakpapier.

Doe eieren, extra dooiers, vanille en suiker in een hittebestendige kom. Zet die op een steelpan zacht kokend water en klop het mengsel 4-5 minuten of tot het doorgewarmd en schuimend is. Haal van het vuur en klop met een mixer tot het mengsel bleek en dik is. Maak wat frambozen fijn en spatel die voorzichtig door het eimengsel. Zet weg.

Klop de slagroom met een mixer tot heel zachte pieken. Spatel het eimengsel voorzichtig door de room tot alles net is gemengd. Schik de rest van de frambozen op de bodem van het blik en giet er het semifreddomengsel over. Bedek met folie en vries 24 uur in of tot het stevig is. Haal uit het blik, snijd in dikke plakken en serveer.

Voor 6-8 personen

peter gordon

Restaurant The Sugar Club was nogal een fenomeen in Londen halverwege de jaren negentig. De locatie aan de 'verkeerde' kant van Notting Hill voegde een spannend cachet toe dat de clientèle ongetwijfeld aansprak. Madonna at er, wat er niet toe zou moeten doen, maar natuurlijk wel deed. Fay Maschler, de invloedrijke restaurantcriticus van *The London Evening Standard*, loofde het. En The Sugar Club had Peter Gordon, de sexy Nieuw-Zeelandse kok met de oorring, die de regels aan zijn laars lapte met zijn controversiële *fusion*-keuken.

Toen ik Peter Gordon in 1997 voor het eerst ontmoette, was The Sugar Club nog geen twee jaar open. *Time Out* had het al uitgeroepen tot Best Modern British Restaurant bij zijn jaarlijkse prijsuitreiking (terwijl *The London Evening Standard* het verwarrend genoeg uitriep tot beste *fusion*-restaurant), zijn *Sugar Club Cookbook* lag in de schappen en hij was een van de meest besproken jonge koks in Londen, over wie de meningen net zo snel verdeeld raakten als hij smaken kon combineren. Hij voer mee op de golf van een kookstijl die culturen en smaken liet botsen op een manier die – in Groot-Brittannië tenminste – soms overkwam als culinaire ketterij. Onder Gordons gerechten op het oorspronkelijke Sugar Club-menu was een voorgerecht van in zwarte kardemom gestoofde varkenswang op sobanoedels en puy-linzen. Er was gebraden parelhoen op roergebakken Spaanse zwarte bonen met paksoi en tomaten-chilijam, of een yoghurtbavarois met gepocheerde tamarillo en een knapperige wafel. In de andere benaming voor *fusion*, 'Pacific rim', klinkt door dat de wortels ervan in de stilistisch gezien nogal *laisser faire*-keukens van Gordons eigen Nieuw-Zeeland en Australië liggen, waar hij werd opgeleid. *Fusion*-koken was er ineens overal in Londen, zij het zelden met Gordons finesse. Mijn instinct zei me dat dit een modern en ongebruikelijk geluid zou zijn in *Food Illustrated* en het toeval wilde dat hij nog kon schrijven ook.

Zijn columns verschenen in de eerste negen nummers van het blad en bezongen eenvoudig maar lyrisch zijn herinneringen aan een jeugd in Nieuw-Zeeland, de reizen naar Zuidoost-Azië die hem zo beïnvloedden, en zijn fascinatie voor onbekende smaken. Hij ging zelfs de discussie aan over zijn eigen koken. 'Het is erg jammer dat critici zo verdeeld zijn,' schreef Gordon in mei 1998, 'en treurig dat sommigen aan tafel plaatsnemen met vooroordelen. Hoe briljant en eerbiedwaardig klassiek een keuken ook mag zijn, koken is een levende kunst die verandert en zich ontwikkelt, net als de mensen die eten en koken. Geniet ervan. *Fusion* smaakt goed.'

Gordon, die halverwege de jaren tachtig ook chef-kok was geweest bij de originele The Sugar Club in Wellington, Nieuw-Zeeland, was verbluft door de beroering die zijn kookstijl teweegbracht. Tijdens de lunch eind 2004 in zijn huidige Londense restaurant The Providores (Gordon geeft ook adviezen aan het befaamde restaurant Public in New York en aan restaurant Changa in Istanbul) klinkt hij, hoewel Londen bijna een decennium de tijd heeft gehad om aan zijn manier van doen te wennen, nog steeds defensief. 'Ik denk dat ze [zijn Londense tijdgenoten] bang zijn voor wat ik doe omdat ze het niet begrijpen. Ze zijn getraind in één denkrichting, of dat nu Zuid-Frans of Noord-Italiaans is, en ik denk dat velen van hen zouden zeggen dat *fusion* belachelijk is.'

Maar zijn koken was nooit zomaar een lukrake opeenstapeling van ingrediënten en etniciteit. Voor Gordon is de balans van 'zuurgraad, dichtheid, zoetheid en textuur' alles en gelukkig voor The Sugar Club (die in 1998 naar Soho verhuisde) was hij – en is hij nog steeds – een meester in die balans. In een andere column voor *Food Illustrated*, in oktober 1998, onthulde Gordon zijn subtiele inzicht in smaak: 'In een afgelegen Maleisisch dorp at ik babyinktvis gekookt in suikerstroop en gevuld met kleefrijst. Vreselijk was het niet, maar het leek gewoon te vreemd, tot iemand er wat gedroogde rodepepervlokken overheen strooide en het gerecht tot leven kwam en de smaken samenvloeiden.'

Gordon herinnert zich nog zijn culinaire ontwaken. 'Het was bij Kuni's, een Japans restaurant in Melbourne. Ik had de zachte tofu met geschaafde bonito en daikon en het was echt het verbazingwekkendste dat ik ooit had gegeten.' In die tijd (begin jaren tachtig) studeerde hij aan Melbournes gerespecteerde culinaire opleiding William Angliss. 'Ik zei tegen een leraar: "Waarom doen wij niets in die richting?" en hij zei: "Japanners koken niet eens, die eten alles rauw. Dit is een serieuze opleiding."'

Als hij zo'n verhaal vertelt, is zijn anarchie makkelijk te begrijpen. Dat is een groot woord, maar in de culinaire wereld is Gordon iets van een anarchist. Jill Norman, de gerespecteerde culinaire schrijver en redacteur, heeft treffend geschreven dat Gordon 'trouw is aan niets en een groot begrip heeft voor alles'. Als ik mijn oog over de menukaart van The Providores laat gaan, zie ik minder nadruk op Aziatische smaken dan in zijn Sugar Club-dagen, maar de gerechten klinken soms nog steeds verontrustend complex qua constructie. Er is een voorgerecht van gebraden foie gras op een geroosterd ajowan-koekje (ajowan is een specerij die lijkt op komijn) met Russische waterkers en chili-ananascompote. Daarna Nieuw-Zeelandse hertenfilet op polenta en paksoi met een granaatappel-*nam pla*-dressing. Gordons keuken is inderdaad niet voor bang uitgevallen mensen. 'De wereld is vol ingrediënten,' legt hij uit, 'en waar we ook vandaan komen, en of ze nou wel of niet deel uitmaken van onze nationale keuken, het betekent nog niet dat we ze niet mogen gebruiken omdat we niet ook uit die regio komen. Italianen zijn geschokt als ik citroengras in een risotto doe, maar citroengras en rijst zijn Aziatisch en parmezaan zeker niet! Mijn filosofie bij een nieuw ingrediënt is altijd: "Wat kan ik ermee doen?" Ik denk nooit: nou, het is een Thais ingrediënt, dus moet het een Thais gerecht worden.'

Gordon woont sinds 1989 in Londen, maar beschouwt Nieuw-Zeeland nog steeds als zijn spirituele thuis. Hij bezoekt het zo vaak als hij kan. 'Dat gevoel dat ik krijg als het vliegtuig boven Auckland vliegt, is iets wat ik nergens ter wereld heb.' Zijn banden met Nieuw-Zeeland zijn sterk. Voor adviezen aan een restaurant in Auckland is hij er minstens vier keer per jaar en hij adviseert bovendien Air New Zealand (zijn eten wordt geserveerd op vluchten tussen Londen en Los Angeles) en levert al jaren maandelijkse bijdragen aan het Nieuw-Zeelandse blad *House & Garden*. Een tijdje was hij zelfs, bij wijze van spreken, het gezicht van New Zealand Lamb. Maar Londen is al meer dan vijftien jaar zijn thuishaven. 'Ik houd van Londen. Ik houd ervan zo dicht bij Europa te zitten. Londen is zo'n mengelmoes, het voelt overal alsof je in een Benetton-reclame zit. Waar ik

niet van houd in Londen zijn de zaken waar ik geen controle over heb. Er wonen acht miljoen mensen hier, dan moet het wel rommelig en vies en te druk worden, maar dat heeft ook zijn charme.'

Gordon heeft de afgelopen jaren wat dingen voor tv gedaan. Hij verscheen zowel in de serie van Nigel Slater als in die van Jamie Oliver en had een dertiendelige serie voor een Britse culinaire zender die hij liever vergeet. ('Ik geloof dat het werd gemaakt met een budget van ongeveer anderhalve pond. Ik begon de passievruchtenparfait in een groen hemd en eindigde in een rood.') Hij geeft toe dat hij een soort purist is als het over tv gaat, en weet dat er gewoon geen budget is voor de projecten die hij zou willen doen.

Maar wanneer zou hij überhaupt tijd hebben voor tv? Hij moet al genoeg borden in de lucht draaiende houden. Er is het liefdadigheidswerk, fondsen werven voor leukemieonderzoek, voor het kinderbrandwondenfonds (Gordon liep zelf brandwonden op als kind) en zijn steun aan de Link Foundation, die educatieve uitwisselingen promoot tussen Nieuw-Zeeland en Groot-Brittannië. Dan zijn er The Providores, de overzeese adviezen, het nieuwe project in Auckland, de columns, de kookdemonstraties. Hij is opgetogen over de groeiende belangstelling voor zijn keuken in de Verenigde Staten (door het succes van Public) en zou graag meer doen in Australië. 'Australië is waarschijnlijk hét foodie-land van het universum en daar ben ik opgeleid en ik haalde er al mijn inspiratie vandaan.'

Ik hoop ook dat we hem vaker zien in Australie. Hij is gepassioneerd en eerlijk en kookt dapper en complex voedsel dat aan het denken zet. En hij woont al zo lang in Engeland, maar zegt nog steeds *brekkie* [Australisch voor 'breakfast', ontbijt]. Dan moet hij wel oké zijn.

'Probeer verse, zachte tofu te krijgen voor dit gerecht, hoewel het voorverpakte spul er ook wel mee doorkan. Maak in de zomer de maïspuree van verse maïs. Gebruik in de winter maïs uit blik.'

ramennoedels met romige sesammaïs, krokante tofu en geroosterde walnoten

500 g tofu, in blokjes van 2½ cm
350 g maïskorrels
250 ml schenkroom
2 lente-uitjes, in ringen
2 theelepels sesamzaad, geroosterd
90 g fijne rijstebloem
1 theelepel zout
½ theelepel *pimentón dulce* (zoet, gerookt Spaans paprikapoeder)
50 ml arachideolie
60 g walnoten, grof gehakt
200 g ramennoedels, gaar gekookt, uitgelekt en omgeschept met wat arachideolie
12 sprietjes bieslook, fijngesneden

Leg de blokjes tofu 30 minuten op ongekleurd keukenpapier om wat vocht te laten verliezen.

Breng ondertussen maïs, room, lente-ui en sesamzaad aan de kook in een pannetje en laat zonder deksel sudderen tot de room voor de helft is ingekookt. Pureer in een blender of kleine keukenmachine, controleer de smaak en houd warm.

Meng bloem, zout en paprikapoeder en gebruik dit om de tofu te paneren. Verhit de helft van de olie in een koekenpan op bescheiden vuur en bak de helft van de tofu aan alle kanten goudbruin. Schep op een warm bord en bak de rest. Voeg de resterende olie toe en bak de walnoten zachtjes tot ze net goudbruin zijn.

Verdeel de maïsroom over vier borden, leg er een stapeltje noedels op en maak af met wat tofu. Bestrooi met walnoot en bieslook.

Voor 4 personen als voorgerecht

'Dit nogal tijdrovende recept is zeker de moeite waard. Bereid het op de barbecue en het lijkt al veel minder werk. De bouillon is ook een geweldige soep, vooral als hij vol noedels, krabscharen en krokante sjalot zit.'

snapper met currybladkorst op geroosterde zoete aardappel met kokos-tamarindebouillon en bakbananenchips

20 g verse curryblaadjes
2 snapperfilets van 500 g, zonder schubben en graat (bewaar de graten)
zout en peper
150 g onbehandelde houtsnippers (of theebladeren)
50 g rijst
2 rode pepers (1 heel, de andere gesplitst, zonder zaad en in reepjes)
2 tenen knoflook
50 g gember
2 stengels citroengras
6 citroenblaadjes
olie, om te bakken
1 rode ui, in ringen
stukje tamarinde van 80 g, met zaadjes
400 ml kokosmelk
1½ eetlepel Thaise vissaus
50 ml limoensap
1 grote, oranje zoete aardappel, ongeschild
1 groene bakbanaan
zeezout, naar smaak
lichte olijfolie, om te besprenkelen
2 lente-uitjes, in ringen, voor het serveren
blaadjes van ½ bosje koriander, de stengels in stukjes van 1 cm gesneden

Strooi de helft van de curryblaadjes op plasticfolie. Leg er de snapperfilets op. Breng goed op smaak met zout en peper en strooi er de rest van de blaadjes over. Pak stevig in en laat tot gebruik rusten op een koele plaats.

Bekleed een wok met aluminiumfolie en strooi er houtschilfers en rijst in. Zet een rek of rooster in de wok en leg daar de bewaarde visgraten op. Draai het vuur hoog, leg er een goed passend deksel op en laat 10 minuten roken.

Draai in een keukenmachine de hele peper, knoflook, gember, citroengras en citroenblaadjes door elkaar. Verhit een pan, doe er wat olie in en karameliseer de ui. Voeg de inhoud van de keukenmachine toe en bak tot alles zoet opgeurt. Voeg dan de gerookte graten toe en breek ze in stukken met een lepel. Doe er tamarinde en kokosmelk en 100 ml water bij. Breng aan de kook, temper het vuur en laat 15 minuten sudderen. Giet door een fijne zeef, kruid met vissaus en limoensap en houd warm.

Stoom of kook ondertussen de zoete aardappel bijna gaar en laat afkoelen onder stromend water. Snijd in plakken van 3 cm dik, leg die op een bakplaat bekleed met bakpapier en zet in een op 200 °C voorverwarmde oven tot ze gaar zijn. Pel de bakbanaan en rasp in dunne plakken. Frituur in kleine porties op 140 °C tot ze krokant zijn, laat goed uitlekken en bestrooi met zeezout.

Pak de vis uit en besprenkel met wat olie. Verhit een koekenpan met antiaanbaklaag en deksel tot hij gloeiendheet is, leg er de vis in met de huid naar beneden en leg het deksel op de pan. Bak 1-2 minuten, afhankelijk van de dikte van de filets, draai de vis om en haal de pan van het vuur met het deksel erop. Let op dat de blaadjes niet verbranden en houd het deksel zo veel mogelijk op de pan.

Verdeel de zoete aardappel over vier pastakommen. Leg op elk een stuk vis, schep er de bouillon over en bestrooi met reepjes rode peper, bakbanaan, lente-ui en koriander.

Voor 4 personen als hoofdgerecht

Links: snapper met currybladkorst op geroosterde zoete aardappel met kokos-tamarindebouillon en bakbananenchips
Boven: stoofpot van buikspek met rode peper, rode biet, morieljes en miso

'Ik kocht het buikspek voor dit recept kant en klaar bij de Chinese toko omdat ik lui was; u kunt het ook zelf maken, maar dat is een ander recept. Dit gerecht kan 's morgens worden gemaakt en een uur voordat u het wilt eten in de oven worden gezet, dus het is heel geschikt voor etentjes – in een grote schaal óf in eenpersoonsporties. Bij Japanse toko's en natuurwinkels zijn verschillende soorten misopasta verkrijgbaar. Hoe bleker hij is, hoe subtieler – dus begin misschien met shiro *(witte) miso.'*

stoofpot van buikspek met rode peper, rode biet, morieljes en miso

800 g gebraden buikspek, zonder bot
16 gedroogde morieljes
2 stukken verse gember, geschild en in dunne plakjes
6 tenen knoflook, in dunne plakjes
1-2 rode pepers, in ringen
2 zwarte kardemompeulen
16 kleine rode bietjes, gekookt of geroosterd, dan geschild
1½ volle theelepel misopasta
250 ml droge sherry
2 eetlepels lichte sojasaus

Verwarm de oven voor op 200 °C. Snijd het spek in blokjes van 2 cm.

Wel de morieljes 15 minuten in 400 ml warm water.

Haal de morieljes uit het water (bewaar dit) en spoel voorzichtig af om vuil te verwijderen. Leg in een aardewerken schaal met deksel, voeg gember, knoflook, rode peper, kardemom en rode biet toe en strooi er het spek over.

Klop de miso door de sherry, de sojasaus en het paddenstoelenwater en giet dit over het vlees. Dek de schaal goed af, zet in de oven en bak 1 uur. Het moet nu doorgewarmd zijn en borrelen, zo niet, bak dan nog 20-30 minuten. Serveer met gestoomde rijst of noedels.

Voor 4 personen als hoofdgerecht

peter gordon

'Dit dessert heeft een goed contrast in textuur en smaak. De tamarillo's zullen vrij zuur zijn, hoe rijp ze ook zijn, maar dat gaat goed bij de cake, die vrij vol en stevig is. De cake is een prachtige zuivel- en graanvrije uitvinding, zonder eieren, en als de chocolade die u gebruikt geen zuivel bevat, is de cake nog veganistisch ook – als u de slagroom weglaat!'

ovengebakken tamarillo's met slagroom en chocoladecake met tofu en den miso

4 tamarillo's (of niet al te rijpe vijgen; laat dan de suiker achterwege)
80 g fijne kristalsuiker of witte basterdsuiker
80 g pure chocolade
80 g melkchocolade
160 g stevige tofu
1 stukje stemgember
100 g *den miso* (*shiro miso* gekookt met sake, mirin en suiker)
150 ml slagroom (eventueel, maar maakt het dessert erg lekker)

Bekleed een vierkant cakeblik van 15 cm met bakpapier.

Verwarm de oven voor op 160 °C. Snijd de tamarillo's in de lengte in tweeën en leg ze met de snijkant naar boven op een bakplaat bekleed met bakpapier. Bestrooi met suiker en bak tot ze wat verschrompelen, maar nog steeds sappig zijn, zoals een in de oven geroosterde tomaat – ongeveer 90 minuten.

Zet de oven op 180 °C.

Smelt de chocolade in een kom met plasticfolie erover boven zacht kokend water. Draai tofu, stemgember en *den miso* fijn in een keukenmachine. Klop er de chocolade door, giet het mengsel in het bakblik en bak 16 minuten. Haal uit de oven, laat afkoelen en zet in de koelkast.

Haal de cake uit de koelkast, keer om boven een snijplank en snijd in elke gewenste vorm. Klop de room een beetje stijf. Leg 2 tamarillohelften op elk bord, samen met een stuk cake en een lepel slagroom.

Voor 4 personen

In het juni-nummer van *Food Illustrated* uit 1998 stond een artikel genaamd 'De laatste joden van Cochin'. Er stonden prachtige foto's bij van 'onze man in India', Jason Lowe (hij woonde weliswaar in Londen, maar leek de meeste tijd in India te zitten), en het was een fascinerende studie over de eettradities van de slinkende joodse gemeenschap in Cochin, in Zuid-India, en met name de keuken van Queenie Hallegua, een Indiase vrouw van joodse afkomst. Dit artikel is voor mij altijd exemplarisch geweest voor waar het blad voor stond: de lezer verrassen met intrigerende en ongebruikelijke verhalen die ze niet gauw elders zouden lezen of zien.

claudia roden

Het artikel werd heel beeldend geschreven door Claudia Roden, de gewaardeerde, in Londen wonende culinaire schrijfster, die algemeen wordt gezien als dé expert in de Midden-Oosterse en joodse keuken. De in Egypte geboren schrijfster, die zacht maar precies spreekt en met een sterk accent ondanks haar vele jaren in Engeland, ontmoette ik voor het eerst in 1998 aan de lunch in Giorgio Locatelli's restaurant Zafferano in Londen. Roden had juist haar magnum opus geschreven (als een schrijver meer dan één magnum opus kan schrijven, dan heeft Roden er diverse op haar naam), *The Book of Jewish Food* (1997). Ik kan me niet herinneren wat we aten, behalve *carta di musica*, dat heerlijke vliesdunne Sardijnse brood waarvan Roden mij zo zorgvuldig de herkomst uitlegde.

Zeven jaar later eet ik *bohsalino* in haar knusse, Noord-Londense bohémienkeuken. Een Libanees toetje van gekneusde pistachenoten en rozenwater, gevuld met – nogal alarmerend in mijn optiek – dikke *clotted cream*, en we bespreken of het recept in haar nieuwe boek moet komen, een studie naar de keukens van Libanon, Turkije en Marokko. Het gesprek komt op *The Book of Jewish Food*, waarmee Roden diverse prijzen won en waar ze zestien jaar onderzoek en schrijven voor nodig had. 'Het probleem is dat ik van grote onderwerpen houd,' lacht ze. 'Maar er kwam een moment waarop mijn uitgever zei: "Je zult het nooit van je leven afmaken, want het is eindeloos." Op het laatst zei ze alleen nog maar: "Claudia, het is af, geef het aan me."'

Ze omschrijft zichzelf niet graag als culinair historicus, maar Roden benadert haar onderwerp niettemin met de uitputtende aandacht voor detail van een academicus, onderzoekt oude manuscripten en reist en leest uitgebreid. Zoals uit de meeste van haar boeken blijkt, is ze gefascineerd door herkomst en traditie van voedsel. In haar overzichtswerk *The Book of Middle Eastern Food* bijvoorbeeld, uit 1968, verbond ze de keukens van veertien landen, van Marokko tot Irak, veel verder dan de grenzen van wat we normaal verstaan onder het Midden-Oosten. En in *The Book of Jewish Food* bracht ze de critici tot zwijgen – die beweerden dat zoiets niet bestond – door over de hele wereld de eettradities van de twee aparte joodse culturen, de Ashkenazi- en de Sephardi-joden, na te gaan. Zoals ze in haar inleiding schrijft: 'Omdat een cultuur complex is, wil het niet zeggen dat hij niet bestaat.'

Claudia Roden werd geboren in Caïro, uit Syrisch-joodse ouders. Toen in 1956 de Suezcrisis uitbrak, ontvluchtte haar familie Egypte en Roden maakte haar school af in Parijs. Daarna studeerde ze kunst in Londen aan St. Martin's College of Art, bij coryfeeën als Anthony Caro en Elizabeth Frink. Maar eten – en met name het eten uit haar vaderland – bleef een passie (na aankomst in Engeland was ze verheugd *melokhia*, een traditionele Egyptische soep, aan te treffen in Elizabeth Davids *Book of Mediterranean Food*) en het was zelfs een terugkerend thema in haar kunst. Een doek aan haar keukenmuur – een van haarzelf uit haar studietijd – toont etende mannen. 'Dat zijn Noord-Afrikaanse arbeiders in een Parijs' café. Ik was geïnteresseerd in etende mensen, toen al.'

Roden herinnert zich dat voedsel in die dagen een taboeonderwerp was in Groot-Brittannië. 'Ik vroeg de buren wel eens wat ze aan het koken waren en dan keken ze me verbijsterd aan. Ook als je ergens ging eten, maakte je nooit een opmerking over het eten. Dat hoorde gewoon niet.' Het verzamelen van recepten werd daarom een privépassie, die werd gevoed door onderzoekstrips naar de British Library, waar ze vertalingen bestudeerde van twaalfde- en dertiende-eeuwse Arabische teksten.

'De meeste gerechten hadden namen die ik kende. Ik had al die tijd gedacht dat we een of ander raar voedsel aten dat alleen onze familie at, maar ik kon zien dat we in een lange traditie stonden.' Dat was het punt waarop Roden besefte dat 'een gerecht niet zomaar een gerecht is, het is niet gewoon iets om te eten, het heeft een hele geschiedenis en het is deel van een beschaving. Het komt niet uit het niets.'

'Ik besefte dat er iets moest gebeuren,' legt ze uit. 'Ik zou nooit een groot schilder worden, maar ik dacht dat het [het vastleggen van de recepten] waardevol zou zijn en dat ze misschien voorgoed verloren zouden gaan als ze niet werden opgeschreven.' Het resultaat, *The Book of Middle Eastern Food*, werd gepubliceerd in 1968 en is sindsdien niet meer uit druk geweest. Het was een vooruitziende blik van uitgever Thomas Nelson om eind jaren zestig een boek met Midden-Oosterse recepten te publiceren, maar het was geen verrassing voor haar dat, toen het boek uit was, 'niemand er acht op sloeg, geen besprekingen, niet eentje'. Maar zoals ze uitlegt: 'Ik wilde geen professionele culinaire schrijver zijn. Ik dacht dat ik alleen dit boek zou schrijven. Ik werd grootgebracht in een cultuur waar vrouwen niets hoorden te verdienen. Zelfs toen mijn boek uitkwam, schaamde mijn vader zich als iemand ernaar vroeg. Dan zei hij: "O, ze verdient er niks mee hoor, het is gewoon haar liefhebberij."'

'Maar ik denk dat je verslaafd raakt aan het onderwerp eten,' glimlacht Roden bijna verontschuldigend, alsof ze zich excuseert voor haar daaropvolgende carrière als een van meest gewaardeerde – en gelauwerde – Britse schrijvers. Tot nu toe heeft ze vijf Glenfiddich Awards plus talloze buitenlandse prijzen gekregen, waaronder een Nederlandse prijs voor haar bijdrage aan de cultuur van het Midden-Oosten. Ze schreef gezaghebbende boeken over de mediterrane keuken en koffie, *The New Book of Middle Eastern Food* (een herziene versie uit 1985) en, natuurlijk, *The Book of Jewish Food*. Een veelgeprezen serie artikelen van Roden over de regionale Italiaanse keuken voor *The Sunday Times* wekte de woede van een Londense restaurateur, die misschien vond dat hij de opdracht had moeten krijgen ('Hij zei: "Claudia, beperk je tot je eigen terrein!"'), maar de Italianen waren het daar kennelijk mee oneens want die gaven een van hun meest prestigieuze prijzen aan de serie.

Rodens keuken voelt een beetje als gewijde grond. Ik herinner me dat ik hier voor het eerst Stephanie Alexander en Maggie Beer ontmoette en ik weet dat wijlen Elizabeth David en culinaire schrijvers Richard Olney en Jane Grigson allemaal aan deze tafel aten. Roden ontmoette, als een van de zeer weinige hedendaagse culinaire schrijvers, David vele malen. Ik vraag haar of ze echt zo lastig was als ze volgens haar reputatie was. Roden antwoordt omzichtig: 'Ze was altijd aardig tegen me, maar niet té aardig. Ze was afstandelijk, maar we hadden allemaal enorm veel respect voor haar.' Roden herinnert zich de keer dat ze naar New York ging en David haar vroeg of ze een cadeautje mee wilde nemen voor haar grote vriend, culinair auteur James Beard. 'Het was een of ander poeder om vlees zachter te maken. Het was gevaarlijk om wit poeder naar Amerika te brengen maar het leek geen aandacht te trekken.'

Claudia is, misschien in de traditie van haar cultuur, een natuurlijke verhalenverteller. Haar conversatie is heerlijk wijdlopig, moeiteloos overgaand van onderwerp op onderwerp en van herinnering op herinnering. Soms stopt ze halverwege een zin, op zoek naar *le mot juste*, en dan besef ik dat Engels evenmin haar moedertaal is als het Frans dat ze als meisje sprak in Caïro. We hebben het over haar kinderen gehad (ze heeft er drie en vijf kleinkinderen), maar niet over haar huwelijk. Ik respecteer dat ze dat liever niet doet. Met een glimlach vertelt ze echter, als perfect voorbeeld van het schisma dat binnen de joodse cultuur zelfs in de keuken loopt (Roden is Sephardi, haar ex-echtgenoot Ashkenazi van Russisch-joodse afkomst), dat op haar bruiloft haar ex-schoonmoeder zei: 'Ik zal jouw ingewikkelde eten nooit eten, dus verwacht dat ook niet van me.' Je vraagt je af of ze in plaats daarvan het boek kocht.

'Deze mooie rolletjes ontbraken bij ons nooit op een buffet of bij een high tea. *We leerden ze als kinderen maken. Gebruik grote vellen filodeeg, in repen gesneden. Als de vellen te dun zijn, kan het deeg scheuren en barst de vulling er tijdens het bakken uit. Gebruik in dat geval twee vellen en smeer er boter tussen: dan hebt u twee keer zo veel vellen nodig. Ik gebruik liever één laag, want dan krijg je lichter deeg. De rolletjes kunnen van tevoren worden gemaakt en opgewarmd.'*

filo-kaasrolletjes

100 g feta, geprakt met een vork
100 mon chou of Hüttenkäse
1 ei, licht geklopt
3 eetlepels gehakte munt of dille, eventueel
8 grote vellen filodeeg
75 g boter, gesmolten

Meng voor de vulling de feta met de andere kaas, ei en kruiden.

Haal de vellen filodeeg pas tevoorschijn als u ze gaat gebruiken, want ze drogen snel uit. Snijd ze in vier repen van ongeveer 30 x 12 cm en leg ze in een stapel op elkaar. Bestrijk de bovenste reep met gesmolten boter. Neem 1 eetlepel vulling en leg die aan één kant van de reep in een dunne worstvorm, ongeveer 2 cm van het uiteinde en 2 cm van de zijkanten. Rol het deeg met de vulling erin op als een sigaret. Vouw op een derde de zijkanten in om de vulling in te sluiten en rol verder.

Doe hetzelfde met de overige repen deeg en de kaasvulling. Leg de rolletjes met de naad naar beneden op een bakplaat en bestrijk de bovenkant met gesmolten boter. Bak 30 minuten op 150 °C of tot ze krokant en goudbruin zijn.

Voor 16 stuks

'Veel van de gerechten die populair waren in de Ottomaanse hofkeukens van Constantinopel verspreidden zich over het imperium. Deze pilav is een van de klassiekers die je in Caïro aantreft en in alle andere steden die ooit buitenpost waren van het imperium.'

gebraden kip met pijnpitten-rozijnenpilav

1 grote kip
2 eetlepels extra vergine olijfolie
zout en peper

voor de pilav
400 g langkorrel- of basmatirijst
1 grote ui, gesnipperd
3 eetlepels zonnebloemolie
100 g pijnpitten
750 ml hete kippenbouillon
½ theelepel pimentpoeder
1 theelepel kaneelpoeder
zout en peper
3 eetlepels krenten of kleine zwarte rozijnen
60-75 g boter, in stukjes

Verwarm de oven voor op 200 °C.

Wrijf de kip in met een mengsel van olijfolie, zout en peper. Leg haar met de borst naar beneden in een bakblik, zodat het vet naar beneden loopt: zo drogen de borstfilets niet uit. Doe 4 eetlepels water in het blik. Braad 1 uur in de voorverwarmde oven, draai dan om en braad nog 15-30 minuten, afhankelijk van het formaat van de kip, tot ze helemaal gaar en bruin is.

Maak, terwijl de kip braadt, de pilav. Was de rijst door er koud water over te gieten, hem om te roeren en een paar minuten te laten wellen. Giet af en spoel na met koud water.

Fruit in een ruime pan de ui in de olie tot hij zacht en goudgeel is. Doe er de pijnpitten bij en roer tot ze licht verkleuren. Voeg de rijst toe en roer op bescheiden vuur tot alles is bedekt met olie. Giet er dan de hete bouillon bij en roer er piment, kaneel, zout (denk wel aan de zoutheid van de bouillon), peper en krenten of rozijnen door. Breng aan de kook, laat afgedekt en onaangeroerd 20 minuten sudderen op laag vuur of tot de rijst zacht is en het water geabsorbeerd. Voeg eventueel wat extra water toe.

Roer er de boter door, controleer de smaak en serveer warm bij de kip.

Voor 4-6 personen

'Dit is een van mijn favorieten. Het is zowel een goed voorgerecht als een vegetarisch hoofdgerecht. De groenten kunnen warm of koud worden geserveerd en de yoghurt moet op kamertemperatuur zijn. Ik meng de twee soorten yoghurt – volle natuurlijke yoghurt en de dikke standyoghurt – voor een dikke, romige textuur die toch nog schenkbaar is.'

geroosterde aubergine en paprika met yoghurt en pijnpitten

4 kleine aubergines, ongeveer 1 kg in totaal
3 grote rode paprika's
1 eetlepel citroensap
4 eetlepels extra vergine olijfolie
zout en zwarte peper
125 g volle yoghurt
125 g standyoghurt
2 tenen knoflook, fijngehakt
50 g pijnpitten

Verwarm de oven voor op 220 °C.

Prik de aubergines in met een scherp mes om te voorkomen dat ze in de oven exploderen. Leg aubergines en paprika's op een groot stuk folie op een bakplaat en rooster 45-60 minuten, of tot de aubergines zacht aanvoelen als u erop drukt. Draai de paprika's een halve slag na 25 minuten en haal ze eerder uit de oven dan de aubergines, als ze zacht zijn en het vel hier en daar is geblakerd.

Doe de paprika's uit de oven meteen in een plastic zak en sluit die af. Ontvel ze als ze genoeg zijn afgekoeld, verwijder steel en zaden en snijd ze in tweeën of in vier repen.

Laat de aubergines afkoelen in een vergiet en ontvel ze. Druk zachtjes op het vlees om het sap eruit te laten lopen. Snijd ze in vier stukken en haal ze door wat citroensap om verkleuring te voorkomen.

Leg paprika en aubergine aan één kant van een ondiepe serveerschaal. Doe er 3 eetlepels olijfolie, zout en peper over en meng voorzichtig. Meng de twee soorten yoghurt, klop er de knoflook en wat zout door en giet over de andere kant van de schaal.

Bak vlak voor het serveren al roerend de pijnpitten kort in de resterende olie tot ze licht zijn gebruind en strooi over de yoghurt.

Voor 6 personen

claudia roden

'Dit knapperige, vermicelliachtige deeg met een roomvulling, dat warm wordt gegeten met een geurige siroop erover, was een belangrijk feestgerecht in zowel onze joodse gemeenschap in Egypte als Syrië. Moslims maakten het met een neutrale witte kaas, joden gaven de voorkeur aan room met rijstemeel. Het is erg makkelijk te maken, maar konafa *– het deeg wordt ook verkocht onder de Griekse naam* kataifi *– is niet eenvoudig te vinden. Slechts een paar oosterse winkels zullen het verkopen.'*

konafa à la crème

voor de siroop
500 g suiker
300 ml water
2 eetlepels citroensap
2 eetlepels oranjebloesemwater

voor de vulling
125 g rijstemeel
950 ml melk
125 ml room
4 eetlepels suiker

voor het deeg
500 g *kataifi*
250 g boter, gesmolten
100 g pistachenoten, grof gehakt, om te garneren

Maak eerst de siroop: kook suiker, water en citroensap 5-10 minuten tot het net dik genoeg is om aan een lepel te blijven hangen en voeg dan oranjebloesemwater toe.

Verwarm de oven voor op 180 °C.

Meng voor de vulling rijstemeel met genoeg koude melk voor een gladde pasta. Breng de rest van de melk met de room aan de kook. Voeg de rijstpasta toe, roer flink door met een houten lepel zodat er geen klontjes ontstaan. Blijf op erg laag vuur constant roeren tot het mengsel dik wordt, zonder het aan te laten branden. Voeg suiker toe en roer goed om.

Doe de *kataifi* in een ruime kom en trek de strengen uit elkaar om ze los te maken. Giet er de licht afgekoelde gesmolten boter over en werk hem met uw handen erdoor zodat de strengen goed worden bedekt. Verdeel de helft van het deeg over de bodem van een ruime taartvorm van 30 cm doorsnede. Verdeel het dikke melkmengsel er gelijkmatig overheen en dek af met de rest van het deeg. Druk aan en maak plat met de palm van uw hand. Bak ongeveer 45 minuten. Sommigen zetten hem dan nog even op een hete plaat voor een bruine bodem (die de bovenkant wordt als het deeg uit de vorm komt), anderen houden het deeg liever blank.

Ga vlak voor het serveren met een scherp mes langs de rand van het deeg om de zijkant los te maken en draai om boven een grote serveerschaal. Giet er de koude siroop over en bestrooi met gehakte pistachenoten. U kunt voor het serveren ook de helft van de siroop erover gieten en de rest er in een kannetje bij geven zodat iedereen zichzelf kan helpen.

Voor 12 personen

‘Was het 1998? Ik ben zo vreselijk met data. Dingen hebben de gewoonte mijn geest te verlaten,’ lacht Maggie Beer als we zitten te praten in haar afgelegen boerenwinkel in het Zuid-Australische Barossa Valley. Het is een late winterochtend, maar de lucht gonst al van de hitte. We nippen ‘zure druiven’, een fraai, roze getint drankje (‘Net of je champagne drinkt’) dat Beer heeft gemaakt van haar favoriete verjus, het sap van onrijpe druiven. Het is onuitsprekelijk lekker en ik verklaar dat het zó in de winkelschappen kan. Maar Beer schudt, perfectionistisch als altijd, het hoofd: ‘De bubbel is nog niet helemaal zoals hij moet zijn.’

maggie beer

Het was inderdaad 1998 toen ik Maggie Beer – kok, culinair schrijfster en voedselproducent – voor het eerst ontmoette, toen ze met Stephanie Alexander in Engeland was om hun Toscaanse kookboek te promoten. Het was bij een schitterende zondagse lunch in het huis van collega Claudia Roden, waar Stephanie en Maggie kookten en ons onderhielden met anekdotes van hun Italiaanse avontuur. Alexander was de bekendere, maar ik werd vooral betoverd door Beers soepele warmte, gulle geest en vrolijkheid. In een keuken in een buitenwijk van Londen belichaamden beide vrouwen alles wat, althans voor een Brit, exotisch en verleidelijk leek aan Australiërs.

Om Maggie Beer voor dit boek te interviewen was het belangrijk Australië door te steken naar de regio die al meer dan dertig jaar haar thuis is en waarmee haar naam synoniem is. Als je Beer in Sydney ontmoet, zoals ik in de loop der jaren verschillende keren heb gedaan, ontmoet je maar een deel van haar. Ik wilde de Barossa begrijpen en haar relatie ermee,

Voor een buitenstaander, en vooral een niet-Australiër, biedt de groene Barossa, op maar een paar uur afstand van Adelaide, een onverwachte aanblik. Het is een met kerkjes bestrooid landschap van kleine dorpjes en nederzettingen, met een buitengewoon gevoel voor zijn culturele erfenis. Veel bewoners van de Barossa zijn afstammelingen van de Duitstalige Sileziërs die zich hier halverwege de negentiende eeuw vestigden. Wandel door het stadje Hahndorf en tel het aantal traditionele Duitse slagers en bakkers, met hun *mettwurst* en *streuselkuchen*. Het is opmerkelijk.

'Ik heb nooit van mijn leven zo'n gevoel van gemeenschap gehad,' legt ze uit. 'De Barossa is erg mooi en het arbeidsethos van de mensen is fenomenaal.' Beer, die haar leven in de Valley verdeelt tussen thuis, haar boerderijwinkel en haar culinaire exportfirma, is deel van het Barossa-landschap. Ze is er de bekendste woordvoerder van, die zelden een kans mist de regio en zijn gaven te promoten en te beschrijven. Sommige van Australiës beste voedselproducenten komen uit deze overvloedige kleine plooi in het continent. Toch komt Beer niet oorspronkelijk uit de Barossa; ze is wat ze daar 'aanwaaisel' noemen en verhuisde er begin jaren zeventig vanuit Sydney naartoe met haar man Colin.

'Ik bracht mijn jeugd door in West-Sydney, een culturele woestijn destijds, maar ik was altijd vindingrijk en besloot te gaan reizen.' Eerst ging ze naar Nieuw-Zeeland en daarna naar Europa, waar ze werkte als verpleegster en stewardess en een café dreef in Schotland. Ze had nog nooit wat gekookt toen ze een baan kreeg als kok op een zeilschool. 'Maar ik had een vlotte babbel en het waren de jaren zestig, toen mensen geen papieren hoefden te laten zien.' Ze keerde terug naar Australië, ontmoette Colin Beer (wiens familie uit de Barossa komt) en trouwde in 1970 met hem. Toen ze in 1973 vanuit Sydney naar de Barossa verhuisden, was Beer zwanger van haar eerste dochter, Saskia. 'Ik was meteen weg van deze plek. Je kunt hier de seizoenen ruiken, hun ritme voelen.'

Ik vermoed dat de eerste jaren in de Barossa een strijd waren, met Beer die hard werkte als makelaar om de rekeningen te betalen terwijl Colin zich bezighield met het fokken van fazanten. Maggie Beers trilogie (*Maggie's Farm*, *Maggie's Orchard* en *Maggie's Table*) documenteren die eerste jaren en het gevierde Pheasant Farm Restaurant dat het koppel dreef tot 1993. Hoewel de restaurantdeuren al lang zijn gesloten, blijft de fazant – of een benadering daarvan – het Maggie Beer-logo en ondanks een groeiende reeks producten, is het nog steeds de fazantenpaté, samen met de verjus en de kweepeerpasta, waar ze het bekendst door is.

Maggie Beer ging op haar veertiende van school. In het begin van ons gesprek bekent ze dat zich, doordat ze 'geen opleiding heeft, altijd mislukt heeft gevoeld'. Misschien verklaart dat de gedrevenheid en vastberadenheid om te slagen, waarvan zelfs zij toegeeft dat die vermoeiend kan zijn voor mensen om haar heen. 'Mijn personeelsleden houden van me of ze gaan weg. Ik word gedreven om het altijd beter te doen. Ik verlies nooit mijn humeur, maar ik wil alleen werken met mensen die inzien dat voortdurende verbetering deel is van het leven. Ik ben een Steenbok en ik heb hun betweterige, overgefixeerde aard. Bijna koppig.' Ze denkt even na over haar woorden. 'Nou ja, bíjna.'

Beer geeft lachend toe dat ze er twintig jaar over heeft gedaan om een 'instant sensatie' te worden. Zoals zo veel van haar collega's beschouwt ze Elizabeth David als een inspiratiebron ('Waar ik bij haar van hield was het concept van octopus, aïoli en avocado... het was nooit het recept maar het losse idee'), samen met haar grote vriendin Stepanie Alexander en de Amerikaanse culinaire schrijvers Paula Wolfert en Madeleine Kamman. 'Als je van eten houdt, kun je iets proeven als je het leest.'

Haar persoonlijke eetfilosofie is simpel. 'Het draait om het omgaan met producten in hun puurste vorm. Je hoeft zo weinig te doen met een echt goed product. Ik heb een instinct, heb nooit kookles gehad en nooit iemand anders kookboek gebruikt. Ik ging volledig af op geur, gevoel en smaak.'

Tegenwoordig is ze regelmatig op reis, zowel als ambassadrice voor Australische producten en met name die van de Barossa, als om haar buitenlandse markten te bezoeken. 'Ik houd van Italië vanwege het hart en van Japan vanwege de esthetica. Mijn geest werkt als een spons als ik Japan bezoek en ik heb een avontuurlijk verhemelte dat wordt gedreven door smaak

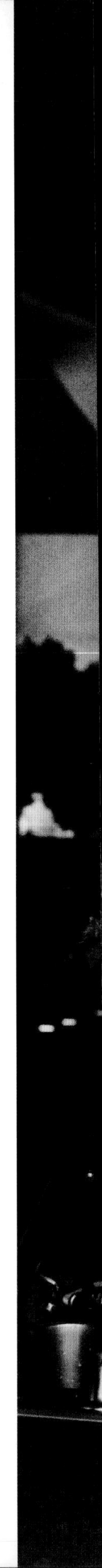

en textuur. Ik eet alles. Japan is erg belangrijk [haar producten verkopen goed daar], maar Italië voedt de ziel. Dat is de plek die ik mis.'

Toen ik dit boek ging schrijven, was het mijn doel een diverse groep mensen in het zonnetje te zetten die, ondanks dat ze aan beide kanten van de wereld woonden, werden verenigd door een gemeenschappelijke passie. Op de terugweg naar Adelaide bleef een zin van Maggie Beer, dat 'goed voedsel en van het leven houden zo met elkaar verbonden zijn', maar door mijn hoofd spoken. In krap twee uur had ik haar huis bezocht, haar geliefde Col en tweede dochter Elle ontmoet, aan haar piano gezeten (als Maggie Beer zich ontspant, zingt ze graag jazz), haar kweeperen- en olijvenboomgaard bewonderd, de plek gezien waar ze haar zestigste verjaardag ging vieren in januari 2005 en haar exportfirma in Tanunda bezocht. Ik had vrijwel elk product uit het Maggie Beer-assortiment geproefd en zelfs een paar nieuwe, geheime. Ik had geen idee hoeveel ervan op mijn tape terecht was gekomen, maar wist zeker dat als ik er ooit aan twijfelde of er wel passie in de wereld bestond, ik alleen maar aan Maggie Beer hoefde te denken.

'Er zitten meer ideeën in mijn hoofd dan ik ooit uit zal kunnen voeren. Op onze laatste strategische vergadering waren er 115 ideeën. Ja, ik heb nog grote ambities, maar ik ben ook ongelooflijk tevreden met wat ik heb gedaan. Het mooie van het leven is dat het nooit ophoudt.'

'Elke keer als ik dit gerecht serveer, verwonderen gasten zich over de smaak en textuur, die minder met het recept te maken hebben dan met de kwaliteit van een goed behandelde kip. Deze is zo ongelooflijk anders dan het massaproduct dat je je afvraagt of het wel om dezelfde diersoort gaat.'

gebraden scharrelkip met knoflook en verjus

30 tenen knoflook, ongepeld
1 citroen
1 scharrelkip van 2½ kg, van de beste kwaliteit
3 takjes rozemarijn
zeezout
vers gemalen zwarte peper
300 ml verjus (sap van onrijpe druiven)
50 ml extra vergine olijfolie

Verwarm de oven voor op 220 °C. Blancheer de knoflook 1 minuut in kokend water en giet af.

Halveer de citroen, pers het sap in de buikholte van de kip en doe er rozemarijn, zout en peper in. Meng 50 ml van de verjus met de olijfolie en wat zout en peper en bestrijk hiermee het vel van de kip. Leg de kip op een roostertje in een ondiepe ovenschaal (zo'n 5 cm diep), zet in het midden van de oven en braad 20 minuten.

Temper de oven naar 180 °C en giet 125 ml van de verjus en 125 ml water over de kip. Leg de geblancheerde knoflook op de bodem van de ovenschaal. Braad nog 20 minuten, temper de oven naar 120 °C en voeg nog eens 125 ml verjus en 125 ml water toe (zo verbranden de sappen in het bakblik niet). Braad nog 20 minuten en draai de kip om om de onderkant 10 minuten te laten bruinen. Leg de kip op een warme serveerschaal, dek af met aluminiumfolie en laat 25 minuten rusten.

Giet alle sappen uit de ovenschaal in een hoge, smalle kruik en zet in de koelkast terwijl de kip rust. Schep er vlak voor het serveren het vet af dat boven is komen drijven, verwarm en kook het eventueel nog wat in. Snijd de kip, giet er de jus over en serveer met de knoflook, vastkokende aardappeltjes en een bittere groene salade.

Voor 6 personen

maggie beer

'Deze kooktijden zijn een benadering. Thuis-ovens variëren enorm in hun vermogen gelijkmatig te verwarmen en weer op temperatuur te komen als de deur open is geweest. Als de fazant gaar is, moet de borst stevig aanvoelen maar meegeven onder zacht knijpen.'

gebraden fazant met salie, sinaasappel en jeneverbes

1 fazant van 1 kg
1 sinaasappel
125 ml extra vergine olijfolie
20 jeneverbessen, gekneusd
2 theelepels verse majoraan, gehakt
2 theelepels verse tijm, gehakt
vers gemalen zwarte peper
15 g salieblaadjes
50 g boter
zeezout
125 ml ingekookte kippenbouillon, warm
125 ml verjus

Snijd de poten los van de fazant, snijd de ruggengraat los en gooi die weg. Spreid de vogel nu uit door hem plat te drukken. Haal met een dunschiller de schil van een halve sinaasappel en pers de sinaasappel uit. Hak de schil grof en zet weg. Marineer de fazant 1-4 uur in een niet-metalen schaal in sinaasappelsap, olijfolie, jeneverbes, majoraan, tijm en peper.

Verwarm de oven voor op 200 °C. Haal desgewenst de steeltjes van de salie, verdeel de blaadjes over een bakplaat en doe er klontjes boter op. Bak in 12 minuten krokant en nootbruin in de oven en zet weg. Zet de oven op 230 °C.

Leg de fazantenpoten en de platgemaakte fazantenborst in een ondiepe ovenschaal, het vel naar boven, en sprenkel de marinade eromheen. Bestrooi met zout.

Braad de fazant 12 minuten, temper de oven naar 180 °C en braad nog 10 minuten. Haal de poten uit de schaal, dek af en houd warm. Draai de borst om en zet nog 2 minuten in de oven. Controleer of de vogel gaar is door een prikker te steken in het vlezigste deel: als het uitlopende vocht helder is, is hij klaar. Haal uit de oven en doe de warme kippenbouillon, de verjus en de rest van de boter in de ovenschaal. Laat de fazant met de borst naar beneden minstens 10 minuten rusten.

Snijd de borst van het karkas en serveer met de poot, besprenkeld met de jus en bedekt met de krokante salieblaadjes en gehakte sinaasappelschil. Serveer met gestoofd witlof en een salade van radicchio, rucola, venkel en walnoten.

Voor 2 personen

Boven: gebraden fazant met salie, sinaasappel en jeneverbes
Rechts: vijgengalette

maggie beer

'Dit is een pastei die ik in Parijs serveerde voor de Baudin-tentoonstelling in 2001. Ik moest 600 kleine cocktailpasteitjes maken voor de gelegenheid en wilde iets door en door Australisch – dus wat is er beter dan dit?'

kangoeroestaartpasteitjes

1 grote ui, grof gehakt
1 winterwortel, grof gehakt
1 teen knoflook, grof gehakt
extra vergine olijfolie
2 kangoeroestaarten, ongeveer 1½ kg in totaal, elk in 3 stukken gesneden (of ander stoofvlees)
gekruide bloem
500 ml kalfs- of kippenbouillon
blaadjes van een paar takjes citroentijm
375 ml rode wijn
zeezout en vers gemalen zwarte peper
melk

deeg
150 g boter
250 g bloem
250 ml water
1½ theelepel bakpoeder
gekneusde zwarte peper

om de pasteivulling af te maken
75 g sjalot, in blokjes
70 g bleekselderie, in blokjes
50 g winterwortel, in blokjes
2 eetlepels extra vergine olijfolie

Verwarm de oven voor op 140 °C. Neem een pan met dikke bodem en deksel. Zet ui, wortel en knoflook aan in olijfolie, verwijder en zet apart.

Haal de stukken kangoeroe door de bloem en schroei zachtjes dicht in de pan. Voeg de helft van de bouillon toe, de aangefruite groenten en de citroentijm. Deglaceer de pan met rode wijn en voeg de rest van de bouillon toe. Dek af en zet 1½ uur in de oven. Draai de staarten om en blijf braden tot ze zacht zijn. De totale braadtijd zal ongeveer 3½ uur bedragen, maar het kan ook langer bij grotere stukken staart of korter voor de uiteindes van de staart.

Laat de kangoeroe op kamertemperatuur komen, haal het vlees van het bot en snijd klein. De hele staarten (van 1½ kg) moeten ruim 500 g vlees opleveren. Zeef het kookvocht en zet weg.

Meng voor het deeg alle ingrediënten en werk tot een zacht en uniform geheel. Doe in plasticfolie en laat 1 uur rusten op kamertemperatuur.

Sauteer de blokjes sjalot, selderij en wortel in de olie, voeg het kookvocht toe en laat wat inkoken. Kruid flink, voeg bij het vlees en proef op smaak.

Neem 25 g van het deeg en rol in een cirkeltje van zo'n 8 cm diameter en 1-1½ mm dik. Vul royaal met 1½ eetlepel van het vleesmengsel, vouw dicht, bestrijk met melk en bak 15 minuten op 180 °C.

Voor ongeveer 40 stuks

'Herfst is de lekkerste periode vanwege de producten waar ik het meest van houd. Van alle fruit waaruit ik moet kiezen is het een nek-aan-nekrace tussen kweepeer, granaatappel, sharonfruit en vijgen, maar het is de sentimentele band met mijn gekarameliseerde vijgenjam die hier de doorslag geeft. Die bittere toets van die "opzettelijk aangebrande jam" is de erfenis van mijn moeders enige poging ooit zelf jam te maken en de herinnering aan haar heerlijk verwarde stijl die ik nog steeds mis.'

vijgengalette

grof bladerdeeg
450 g ongebleekte bloem
450 g boter, in blokjes
½ theelepel zout
250 ml koud water

180 g *Maggie's burnt fig jam* of andere ambachtelijke vijgenjam
8 grote, rijpe vijgen

Stort de bloem op een werkvlak en maak een kuiltje in het midden. Doe klontjes boter en zout in het kuiltje en snijd dan met een deegschraper de boter door de bloem. Maak opnieuw een kuiltje en giet er 185 ml koud water in. Werk bloem en boter met de deegschraper door het water en voeg eventueel extra water toe voor stevig, maar kneedbaar deeg. Vorm een bal en snijd deze in tweeën, klop elke helft zachtjes tot een schijf en doe in plasticfolie. Leg één stuk deeg 20 minuten in de koelkast. Dateer het andere en doe het in de vriezer voor een volgende keer.

Rol het deeg uit tot een rechthoek van ongeveer 1½ cm dik. Houd de lange kant van de rechthoek evenwijdig aan het werkvlak en vouw beiden uiteindes naar het midden – het ziet er nu uit als een open boek. Vouw dan dubbel, alsof u het boek sluit. Dek af en leg opnieuw 20 minuten in de koelkast. Herhaal deze stap twee keer.

Verwarm de oven voor op 200 °C. Rol het deeg uit tot een cirkel van 30-35 cm van ongeveer 5 mm dik. Smeer de vijgenjam over het deeg, snijd de vijgen in dikke plakken, schik deze op het deeg in overlappende concentrische cirkels en laat een rand vrij van 5 cm. Vouw de rand van het deeg voorzichtig over de vijgen. Bak de galette 25-30 minuten, tot het deeg goudbruin is en de vijgen net gaar zijn.

Voor 8-10 personen

Carluccio's
Carluccio's
ALEATICO

antonio en priscilla carluccio

Het was een briljante zet om Londen in oktober te bezoeken en te lunchen met de Carluccio's in hun restaurant Neal Street tijdens het korte witte-truffelseizoen. Puur toeval natuurlijk, maar wel prettig. Aan de lunch meldt Priscilla Carluccio terloops dat de witte truffels van Alba dit seizoen 3600 pond per kilo doen en zoals dat gaat, probeer ik de waarde te raden van het schaafsel op mijn bord – in feite op elke hap – *uova di quaglia al tartufo bianco d'Alba*, een boterig gerecht van gebakken kwarteleitjes als perfecte ondergrond voor de machtige *tartufo*. 'Je kunt hem een fatsoenlijke portie geven, want in Australië moeten ze het zonder witte truffel doen,' instrueert Priscilla als Antonio de paddestoel op mijn bord schaaft.

Ze heeft gelijk, natuurlijk. 'We leenden er laatst eentje uit aan een tijdschrift,' lacht ze. 'Ik zei: "Jullie beseffen wel dat ze net zo veel waard zijn als diamanten?"' Naar bleek wisten ze dat duidelijk niet bij het blad en retourneerden ze de truffel in slechte staat en moesten ze betalen. Hij zal niet veel gewogen hebben, maar toch. Ik denk aan het magere budget van het blad.

Een weerzien met de Carluccio's is altijd een genoegen. Elke keer als we elkaar ontmoeten, lijkt het aantal zaken dat ze bestieren verdubbeld. Hun strakke Carluccio's-cafés (nazaten van hun al tijden bestaande restaurant Neal Street en Carluccio's delicatessenwinkel in Covent Garden), vind je overal in Londen en Zuidwest-Engeland en vormen de perfecte hybride van Priscilla's gehaaid creatieve zakeninstinct en Antonio's flamboyante passie. De Italiaanse restaurateur kwam dertig jaar geleden in Engeland wonen, maar zal altijd de warme, knuffel-Italiaan bij uitstek blijven voor een generatie Britten die vertrouwd is met zijn tv-series en de plank kookboekbestsellers. Ze zijn dol op hem.

Ik ontmoette de Carluccio's voor het eerst in 1998. Ik had Antonio op het oog als potentiële medewerker voor *Food Illustrated* en zijn gulheid en duidelijke passie voor de regionale Italiaanse keuken zorgden voor een gedenkwaardige lunch, maar het was Priscilla die echt indruk maakte die dag. Ze is de zus van sir Terence Conran, werd opgeleid als fotografe en was ooit de stiliste voor de invloedrijke Britse Habitat-winkels en inkoopdirecteur voor The Conran Shop. Priscilla Carluccio is een indrukwekkende vrouw, met het scherpe Conranoog en bijpassend intellect. Net als bij haar broer voel je dat ze geen idioten duldt, maar ze bezit warmte, diepte en een groot gevoel voor humor. Na onze lunch besefte ik dat het Priscilla was die voor het blad moest schrijven. Zij had een stem die nog niet bekend was.

'Dat was spannend,' herinnert ze zich. '*Food Illustrated* was het eerste blad dat me vroeg te schrijven. Ik was vrij nerveus, maar beschouwde het als een compliment.' Priscilla's columns onthulden de intense liefde voor Italiaanse smaken die ze deelt met haar man. 'Met een naam als Carluccio denken mensen altijd dat ik Italiaans ben,' schreef ze, 'maar ik heb er in feite ook geen moeite mee die nationaliteit te lenen. De reis door de regionale gastronomie van Italië is lang, overdadig en vol passie. En het is een reis die ik erg graag maak.'

Die reis werd, uiteraard, altijd samen met Antonio gemaakt. Toen ze elkaar ontmoetten, leidde Carluccio voor Terence Conran het restaurant in Neal Street in Covent Garden. Toen hij halverwege de jaren zeventig in Londen aankwam, betekende Italiaans eten nog steeds avocado met *gamberetti*, *pollo surprese* en gekarameliseerde sinaasappels. 'Sommige trattoria's waren erg goed,' vertelt hij, 'maar ik herinner me ook restaurateurs die menu's van andere restaurants leenden als ze opengingen.'

In 1985 kocht Carluccio het restaurant in Neal Street van Conran en al twintig jaar ontvangt het lof als een van de beste Britse Italiaanse restaurants. Het is nu het vlaggenschip van het Carluccioimperium. Vraag Carluccio wat zijn filosofie en die van het restaurant zijn en hij antwoordt mysterieus: 'Mof-mof!' – wat Carlucciotaal blijkt te zijn voor 'zo min mogelijk gedoe, zo veel mogelijk smaak'. Het is een motto waar hij wel bij is gevaren. Bij het doornemen van het menu wijst hij op een paar favoriete gerechten. Een porcinisoep, gebakken foie gras, kalfslever en zwezerik met uien en spinazie. Robuust voedsel.

'Ik ben een purist,' legt hij uit. 'Ik interesseerde me nooit zo voor nouvelle cuisine want ik wist dat ik er niet van hield. Het was verfraaien om het verfraaien. Voor mij moet voedsel een functie hebben.'

Er bestaat een populaire misvatting dat Carluccio een professionele kok is. Dat is hij – vrij nadrukkelijk – niet. 'Ik ben nooit kok geweest, ik kook. Ik kook uit passie of hebzucht of wat je maar wilt, maar alleen privé. Ik ben nooit beroeps geworden, ik houd niet van koken onder tijdsdruk. Ik ben een hobbykok en een restaurateur die belangstelling heeft voor voedsel. Ik lees erover, ik schrijf erover...' Een snelle blik op het menu van Neal Street onthult ook zijn passie voor paddenstoelen. Er is *trifolata di funghi del giorno* (paddenstoelen van de dag), de *zuppa di porcini*, de *prosciutto crudo di parma* met geconserveerde paddenstoelen, gnocchi met een ragout van everzwijn en paddenstoelen en gebraden patrijs met wilde paddenstoelen. Carluccio's voorliefde voor paddenstoelen leverde het beroemde paddenstoelenboek op, dat inmiddels in negen landen in bijna net zoveel talen is verschenen. 'Als je het rottende hout ruikt en dan de paddenstoel, dan weet je dat je echt midden in de natuur staat,' verklaart hij met die gelukzalige glimlach van de ware vervoering. 'Als je zoiets aards ervaart, kun je niet anders dan gelukkig zijn.'

De Carluccio's werken al heel lang samen. Hun legendarische delicatessenwinkel in Neal Street (een van de eerste in Londen die echte, zorgvuldig uitgezochte Italiaanse producten verkocht) naast het restaurant opende in 1991. Ze delen ongetwijfeld een erg succesvolle persoonlijke formule. Antonio excuseert zich om de telefoon aan te nemen en ik vraag Priscilla over de Carlucciochemie. 'Het is enorm lastig samen te werken, het is een ramp eigenlijk,' lacht ze, stomverbaasd over mijn suggestie van het tegendeel. 'Ik denk dat iedereen die eerlijk is, zou toegeven dat het een ramp is, maar we hebben nu eenmaal deze twee gescheiden paden die, als ze ook echt samenkomen, een interessant geheel vormen. Maar ik zou een echtpaar nooit aanraden samen te gaan werken, ik vind het een verschrikkelijk idee.' Ze denkt even na. 'Nou ja, zakelijk gezien is het oké. Ik denk dat mensen die tegen elkaar schreeuwen en brullen meestal een dynamiek creëren die wel goed is. Het is niet prettig om mee te leven, maar het geeft wel pit!'

De Carluccio's hebben heel wat veranderingen gezien in Brits eten en in Italiaans eten in Groot-Brittannië. Er zijn ongetwijfeld nog volop trattoria's die *pollo surprese* serveren, maar de zaken staan er nu toch wel beter voor? Priscilla beaamt dat. 'Er is weer echte belangstelling voor eten en godzijdank is dat terug. Ik denk dat na de twee wereldoorlogen voedsel erg schaars werd. En daarna raakten we erg opgewonden over buitenlands eten, kennelijk omdat we al het andere hadden ontbeerd, dus ik denk dat de tijd voor Brits eten terug is. Het is erg spannend.'

Zij en Antonio zien (net als vele anderen die ik in 2004 in Londen ontmoette) in Fergus Henderson van het Londense restaurant St. John de redder van de moderne Britse keuken. 'Fergus is mijn held,' geeft Antonio toe. 'Ik neem mijn petje af voor hem,' voegt Priscilla toe. 'Ik denk dat hij waarschijnlijk meer dan wie dan ook heeft gedaan voor de Britse keuken.' Aan het Italiaanse front ('Als we een andere Italiaan moeten kiezen') zijn ze het erover eens dat Giorgio Locatelli 'echt kan koken'. Dus als Antonio de kok is in deze relatie, hoe zit het dan met Priscilla? Hoe ziet ze haar rol? Haar ogen sprankelen. 'Bazig!' zegt ze zonder een moment van aarzeling en grappig genoeg twijfel ik daar niet aan. Ik hoop alleen maar dat ze ooit weer gaat schrijven.

bruschetta met gebakken paddenstoelen

300 g paddenstoelen naar keuze
50 g boter
4 eetlepels olijfolie
1 teen knoflook, fijngehakt
1 kleine rode peper, fijngehakt
sap van een halve citroen
1 eetlepel fijngehakte bladpeterselie
185 ml room
zout en peper naar smaak.
4 grote sneden Italiaans boerenbrood, aan beide kanten geroosterd
100 g taleggio of mozzarella, in stukjes
50 g vers broodkruim

Verwarm de oven voor op 230 °C of steek de grill aan.

Maak de paddenstoelen schoon en snijd grote eventueel in kleinere stukken. Bak de paddenstoelen in de boter en olie, met de knoflook en rode peper, tot ze wat zachter zijn. Voeg citroensap en peterselie toe en roer even. Voeg de room toe en kook zo'n 10 minuten of tot de paddenstoelen zacht zijn. Breng op smaak met zout en peper.

Verdeel het mengsel over de sneden brood en strooi er de kaas op en daarna broodkruim en bak of gril 5 minuten of tot de kaas borrelt. Serveer meteen.

Voor 4 personen

truffelkwartels met balsamicosaus

vulling
50 g vers broodkruim
50 g geraspte parmezaan
1 eetlepel fijngehakte bladpeterselie
1 ei
50 g mortadella, in kleine blokjes
$\frac{1}{2}$ theelepel truffelolie
zout en peper naar smaak

4 deels ontbeende kwartels
8 plakken pancetta
olijfolie, om in te bakken

saus
150 ml saba (zie noot)
50 g boter
2 eetlepels brandy

Meng voor de vulling broodkruim, parmezaan, peterselie, ei, mortadella, truffelolie en zout en peper naar smaak. Vul de kwartels met het mengsel, pak ze in met pancetta en zet vast met een cocktailprikker.

Bak de kwartels zachtjes 15 minuten in wat olijfolie en zet ze dan nog 10 minuten in een hete oven. Kook in een andere pan zachtjes de saba met de boter en de brandy. Haal de kwartels uit de oven, leg ze in de pan met de sabasaus en lepel de saus erover. Serveer warm met gestoofde savooienkool en gebakken aardappeltjes.

Voor 4 personen

Noot: Saba is ingekookt druivensap en is verkrijgbaar bij (Italiaanse) delicatessenwinkels.

spaghettini met tomatensaus

90 ml extra vergine olijfolie
2 tenen knoflook, gehakt
1 kg rijpe tomaten, ontveld, zonder zaad en gehakt
zout en peper
600 g spaghettini
6 blaadjes basilicum, plus extra om te serveren

Verhit de olie in een pan en fruit de knoflook zachtjes een paar minuten, zonder hem te laten verkleuren. Voeg de tomaten toe en bak al roerende 5 minuten en laat alleen overtollig vocht verdampen. Breng op smaak met zout en peper.

Kook de pasta in kokend gezouten water al dente, doe het basilicum door de saus en meng de helft van de saus door de pasta.

Verdeel over de borden en schep de resterende saus samen met extra basilicum over de pasta. Kaas mag, maar ik zou het niet gebruiken.

Voor 6 personen

zabaglione met Moscato

4 middelgrote eierdooiers
100 g fijne kristalsuiker of witte basterdsuiker
175 ml Moscato Passito

Klop de dooiers met de suiker tot de suiker is opgelost. Voeg de wijn toe en klop nog een paar minuten. Zet in een steelpannetje boven op een pan zacht kokend water op laag vuur en klop met een garde tot een stevige, schuimige substantie. Dit duurt 5-10 minuten, afhankelijk van de versheid van de eieren en de hitte. Laat het niet te ver doorkoken want dan krijgt u roerei. Verdeel over glazen en serveer met wat delicate koekjes.

Voor 4 personen

Eind 1998 waren Stephanie Alexander – kok, schrijver en allround nationaal culinair erfgoed – en haar collega Maggie Beer in Londen voor de promotie van hun prachtige *Tuscan Cookbook*. Een lunch die Nigella Lawson ter ere van hen zou geven, werd op het laatste moment verplaatst naar het huis van schrijfster Claudia Roden, vanwege, meen ik, de helaas verslechterende conditie van wijlen Lawson haar echtgenoot, journalist John Diamond. Het was een geweldige lunch, zowel prikkelend als feestelijk, waarbij Beer en Alexander ons verleidden met hun enorme Australische persoonlijkheid en gepassioneerde verhalen over Toscane. Ik weet nog dat ik werd betoverd door Lawson (indrukwekkend en vorstelijk, toen al, nog vóór haar *domestic godess*-tijd) en geboeid werd door de gulheid van de twee Australische vrouwen.

stephanie alexander

Een paar dagen later interviewde ik Stephanie en Maggie in ons West-Londense kantoor voor een artikel in *Food Illustrated*. De taxi die hen terug naar hun hotel moest brengen, kwam niet opdagen, dus werden ze in mijn auto gepropt en met het gebruikelijke slakkengangetje door Bayswater Road gerangeerd. Terwijl we in het donker voortkropen, stapvoets en in een slecht humeur (ik althans, niet Stephanie en Maggie die volkomen opgewekt waren) vanwege het spitsverkeer en de constante regen, besloot ik naar Australië te verhuizen, waar natuurlijk nooit files stonden en taxi's op tijd kwamen. Naïviteit is iets prachtigs. Het artikel is nooit geschreven, omdat ik mijn leven acuut een andere wending gaf en het tijdschrift verliet als voorbereiding op mijn verhuizing. Stephanie en Maggie, ik hoop dat ik het nu weer goed heb gemaakt.

Stephanie Alexander dreef 21 jaar lang, tot de sluiting in 1997, het legendarische restaurant Stephanie's in Melbourne. Helaas voor mij heb ik er nooit gegeten, omdat ik te laat aan de Australische kusten verscheen (als ik twee keer terug in de tijd mocht reizen, zou ik eerst terug willen naar Stephanie's en daarna naar Gay Bilsons befaamde Berowra Waters Inn), maar volgens de overlevering is de invloed van

Stephanie's en zijn veelgeprezen chef-kok-eigenaresse aanzienlijk en hebben ze een onuitwisbare indruk achtergelaten op de culinaire cultuur van Australië.

'Ik heb sterk de neiging mijn leven te herhalen,' filosofeert Alexander achter een kop thee in haar comfortabele keuken in Melbourne. We praten over haar huidige succesvolle onderneming, waar ik juist een heerlijke lunch heb genoten. 'Het Richmond Hill Café and Larder was bedoeld als een leuke plek waar ik gewoon binnen kon wandelen en een kop koffie of een glas wijn kon drinken, maar het is *big business* geworden en ik heb weer een deel van de stress op me genomen, hoewel deze keer niet in m'n eentje.' Er klinkt een aarzelende trilling door in haar bewering dat ze zich 'bijna een leven zonder restaurant' voor zou kunnen stellen, maar dat 'bijna' is veelzeggend. Je bespeurt dat er nog veel uitdagingen in haar zitten.

Toen *Food Illustrated* zijn lijst publiceerde van beste kookboeken aller tijden, stond Stephanie Alexanders *The Cook's Companion* daar ook bij. 'Alexander is een Australisch instituut,' schreef men, 'en dit is haar magnum opus.' Het is een veelomvattend werk, waarvoor Alexander terecht veel lof kreeg in Australië en het buitenland. De uitgebreide en uitputtende, originele versie werd gepubliceerd in 1996, bevatte meer dan 800 pagina's en kostte haar bijna drie jaar om te schrijven en nog een jaar om te redigeren. Ze doet pragmatisch over het succes van het boek. 'Het feit dat 300.000 mensen het kochten, nog afgezien van de vraag hoeveel andere mensen erdoor werden beïnvloed, het leenden van hun moeder of uit de bibliotheek, duidt op een echte behoefte aan onomwonden, simpele informatie die niet omslachtig deed en doordrong tot de essentie.' In 2004 verscheen een herziene versie van *The Cook's Companion*, met 300 extra pagina's, nieuwe hoofdstukken en honderden nieuwe recepten, afgestemd op de veranderingen in de Australische keuken in een periode van bijna tien jaar.

Stephanie Alexander zou het waar-

schijnlijk als compliment opvatten als ik zeg dat haar eten niet echt een richting aangeeft, noch op het scherp van de snede is. Het is gewoon goed eten. Stephanie's eten. 'Ik denk dat ik nog steeds goed eten herken als ik het tegenkom, of het nu een slim nieuw idee is of een mooie stoofpot van konijn. Er zit een praktisch element aan wat ik doe. Het draait om leven, een leven leiden, naar vier vergaderingen moeten gaan en e-mails behandelen. Eten is deel van mijn leven, het vermengt zich ermee, maar het staat niet op een voetstuk.'

'Goed eten in restaurants,' gaat ze verder, 'is alleen mogelijk bij iemand die eten echt begrijpt. De meest tevredenstellende gerechten zijn die waarbij het eten op een bepaalde manier aanspreekt. Een goede kok weet welk brood hij moet gebruiken voor een sandwich.'

Alexander geeft vaak haar overleden moeder de eer haar mentor te zijn, maar er zijn ook andere invloeden, zoals regelmatige reizen door haar geliefde Italië en Frankrijk en 'grote schrijvers' als wijlen Richard Olney, Claudia Roden en Marcella Hazan. Ze matigt haar lof voor Elizabeth David met een observatie. 'Ik vermoed dat het een vreselijk mens was,' lacht ze, 'maar ze schreef prachtig proza en riep fantastische dingen op. Ze is erg sensueel bij de beelden die ze van zaken schildert, dat buitengewone vermogen om in drie zinnen bij de essentie van een gerecht te komen.'

Bij het schrijven van dit boek vond ik het grappig om te lezen dat Alexander in een interview in het blad *Australian Country Style* toegaf dat ze als meisje 'vrij fel, erg eigenzinnig en nogal bazig' was. Zo zag ik ongeveer ook altijd de volwassen Stephanie Alexander. Vastberaden, gepassioneerd, prikkelbaar, no-nonsense. Ja, en misschien ook wat bazig. Vrij intimiderend. Maar de strenge houding (die ze misschien opdeed tijdens haar goed gedocumenteerde vroege carrière als bibliothecaresse) verzacht regelmatig in gelach en ze heeft een scherp gevoel voor humor. Als ik wijs op de polariteit tussen de huidige obsessie met snel in elkaar te zetten gerechten (zoals bij de lezers van het *Donna Hay Magazine*) en de rijzende populariteit van de Slow Food-beweging in Australië, antwoordt Alexander: 'Als je die twee groepen bij elkaar optelt, heb je ongeveer één procent van de bevolking. Dan is er nog de andere 99 procent die het geen zak kan schelen.' Ze heeft gelijk, natuurlijk. Soms hebben hoofdredacteuren behoefte aan een confrontatie met de realiteit.

Ondanks het succes van *The Cook's Companion* en tien andere geprezen boeken aarzelt ze zichzelf een culinair auteur te noemen: 'Ik geloof dat er in de schrijfgemeenschap een idee bestaat dat eten een frivool, afgesleten onderwerp is.' Ze mag zich echter graag 'voedselactiviste' noemen. Sinds 2001 is veel van Alexanders energie gaan zitten in het Collingwood Kitchen Garden Project, dat schoolkinderen in de stedelijke omgeving van een wijk in Melbourne vanaf de basis leert van eten te houden. 'Sommige kinderen leven van afhaal- of magnetronmaaltijden... het is echt vrij eng. De meesten van hen eten nooit met iemand en ze zijn niet gewend om eten te zien als sociale activiteit of om iets te eten wat is begonnen als een vers ingrediënt. Elke week brengen de kinderen [130, in de leeftijd van zeven tot elf] veertig minuten door in de tuin en tachtig minuten in de keuken. Het is een verplicht vak op de school.'

'Eten is deel van het leven,' gaat ze verder, 'maar laten we er een fantastisch rijk deel van het leven van maken. Het is van essentieel belang dat we niet tegen de kinderen praten over gezondheid of voedingswaarde – nooit. Het gaat om plezierige, positieve ervaringen en gewoon een fijne tijd hebben. We zeggen nooit: "Dit zijn eiwitten, dit zijn koolhydraten en je moet oppassen met vet." Sommigen zullen zich verbazen over zoveel onverantwoordelijkheid, maar ik geloof dat Alexander gelijk heeft. Is het in een maatschappij waarin het diner vaak wordt gezien als iets wat je alleen eet voor de tv en wat waarschijnlijk uit de fabriek komt, niet fantastisch om kinderen goed eten te laten kweken, bespreken, koken, voelen en delen? En het komt sowieso niet in Alexanders hoofd op hun iets voor te zetten wat niet eenvoudig, seizoensgebonden en voedzaam is. 'Elke culturele groep die ik kan bedenken – India, het Midden-Oosten, China, heel Azië en de mediterrane landen –, ze eten allemaal goed en weten dat al het andere fout mag gaan in het leven, maar dat je altijd goed kunt eten.'

Het is een tuttige vraag, maar ik wil altijd graag het antwoord horen. Wat zou Stephanie Alexander hebben gedaan als ze geen culinaire carrière had gehad? 'Ik zou waarschijnlijk nog steeds in een bibliotheek zitten, nog steeds als een gek koken voor mijn vrienden.' Ze kijkt peinzend. 'Mijn grootste plezier is koken voor mensen – meestal erg oude vrienden – die er zich gelukzalig aan overgeven in de wetenschap dat ik dolgraag voor hen kook. Ze wassen altijd af en dan kletsen we. Dat zijn altijd de gelukkigste momenten.'

'Nu je overal eendenborst kunt krijgen, is wat ooit een restaurantgerecht was ook thuis mogelijk.'

gegrilde eendenborst

2 aardappelen
2 eendenborstfilets, met vel
1 theelepel zout
vers gemalen zwarte peper
1 eetlepel olijfolie of eendenvet
2 grote champignons, in dikke plakken
1 teen knoflook, fijngehakt
2 eetlepels fijngehakte bladpeterselie

Kook de aardappelen in hun schil, schil ze dan en snijd ze in een paar stukken.

Verwarm de oven voor op 120 °C. Snijd met een scherp mes het eendenvel kriskras diep in. Wrijf het vel in met zout en peper. Verhit een koekenpan met dikke bodem, doe er de olie in en leg er de eendenborst in met het vel naar beneden. Pas het vuur aan zodat het vlees wel sist, maar niet dreigt te verschroeien. Bak 6-8 minuten en giet vrijgekomen vet in een kommetje. Draai de eend om en bak 1-2 minuten. Verpak losjes in folie en leg met het vel naar beneden op een bord in de oven om warm te houden.

Doe het eendenvet weer in de pan en bak de aardappelen 5 minuten tot ze een krokant randje hebben. Doe er de champignons bij, op nog steeds vrij hoog vuur, en schep om. Bestrooi met knoflook en peterselie, schud nogmaals om en draai het vuur uit.

Haal de eend uit de oven en snijd schuin in vrij dunne plakken. Schik op borden en voeg aardappelen en champignons toe. Serveer met een groene salade.

Voor 2 personen

stephanie alexander

'Dit gerecht heet zo omdat eieren bereid in boter met komijn, citroen en munt populair zijn in Irak.'

Bagdadeieren

20 g boter
1 teen knoflook, in dunne plakjes
1 eetlepel citroensap
2 eieren
vers gemalen komijnzaad
1 snee warme toast
zout
vers gemalen zwarte peper
een paar blaadjes munt, in reepjes

Smelt de boter en voeg, zodra hij gaat schuimen, de knoflook toe. Bak 30 seconden, tot hij net begint te verkleuren. Voeg citroensap en eieren toe en bak zachtjes tot ze zijn gestold.

Bestrooi met een flinke snuf komijn en serveer op toast. Breng op smaak met zout, peper en munt.

Voor 1 persoon

Links: inktvis met bronzen vel
Boven: koningin-der-notentaart met gestoofde perzik

inktvis met bronzen vel

4 pijlinktvissen van ongeveer 15 cm lang
4 tenen knoflook
vers gemalen zwarte peper (of 1 lange rode peper, zonder zaad en fijngesneden)
genoeg extra vergine olie om de inktvis half onder te zetten in een schaal

Maak de inktvis schoon, maar laat het vel zitten. Laat de tentakels aan één stuk zitten. Snijd de knoflook in dunne plakjes. Leg inktvis, knoflook, zwarte (of rode) peper en olie enkele uren in een ondiepe schaal en draai alles één of twee keer om.

Steek de barbecue aan. Haal de inktvis van de schaal en laat uitlekken in een vergiet boven een bord om overtollige olie kwijt te raken, die voor vlammen op de barbecue zou zorgen. Leg lichaamszakken en tentakels op de grill boven de kolen. Gril 4-5 minuten per kant of tot de punt van een mesje of prikker vrij makkelijk door het visvlees gaat. Het vel heeft nu een prachtige bronzen tekening. Leg op een warme schaal en schep er wat olie van de marinade over. Laat 5 minuten rusten. Pers er desgewenst wat citroensap over.

Snijd in dunne plakken en serveer, eventueel met een salade of over een delicate pasta. Zout is waarschijnlijk overbodig, maar controleer dat even.

Voor 4 personen

'Een grote favoriet. Ik kan me niet meer herinneren waar het recept vandaan komt. Je hebt een lichte hand van mengen nodig en ik klop het eiwit niet te lang. Of u geblancheerde of ongeblancheerde amandelen gebruikt, moet u zelf weten. Voor de gestoofde perzik gebruik ik de Amaroneachtige wijn van Jo en Diane Grilli van hun Primo Estate-wijngaard in Zuid-Australiës Barossa Valley. De stokken worden dubbel gesnoeid en de druiven laat geplukt, waardoor de smaak geconcentreerder is.'

koningin-der-notentaart met gestoofde perzik

20 g boter, gesmolten
2 eetlepels fijn broodkruim
200 g pure chocolade van de beste kwaliteit,
150 g al dan niet geblancheerde, gemalen amandelen
145 g fijne kristalsuiker of witte basterdsuiker
30 g gekonfijte citrusschil, fijngehakt
5 eieren, gesplitst
2 druppels vanille-extract

gestoofde perziken
80 g boter
8 grote gele perziken, perfect rijp, geschild en gehalveerd
4 eetlepels fijne kristalsuiker
blaadjes van een paar takjes citroentijm
600 ml rode wijn

Verwarm de oven voor op 160 °C. Bekleed de bodem van een ronde taartvorm van 22 cm met bakpapier. Bestrijk het papier en de binnenrand met gesmolten boter, bestrooi met broodkruim en schud het langs de beboterde zijkant. Klop om overtollig kruim te verwijderen. Bekleed twee bakplaten met aluminiumfolie. Hak de chocolade grof in een keukenmachine (enige textuur is goed, maak er geen chocoladepoeder van) en doe in een ruime kom. Voeg de gemalen amandel, suiker en citrusschil toe en meng lichtjes maar goed. Klop in een andere kom de eierdooiers met vanille en roer dan door het chocolademengsel.

Klop de eiwitten tot ze satijnachtig zijn met romige, zachte pieken. Spatel met een flexibele plastic schraper een derde van het eiwit door het chocolademengsel. Spatel er voorzichtig de rest van het eiwit in twee porties door. Schep het beslag in de taartvorm en bak ongeveer 40 minuten, of tot de taart in het midden stevig aanvoelt. Laat 15 minuten op een tochtvrije plek afkoelen in de vorm en draai dan om boven een van de twee bakplaten. Draai de juiste kant weer naar boven met behulp van de tweede bakplaat en laat verder afkoelen.

Smelt voor de gestoofde perziken de boter in een geëmailleerde gietijzeren koekenpan die groot genoeg is om alle perziken in één laag te bevatten. Leg de perziken, als het schuim van de boter is verdwenen, met de snijkant naar beneden en laat wat verkleuren. Strooi er suiker en citroentijm over. Pas het vuur aan zodat boter en suiker een karamelsiroop vormen maar niet verbranden. Schud de pan zachtjes heen en weer zodat de perziken niet vastplakken. Draai de perziken na 2 minuten om met een flexibele spatel. Voeg de helft van de wijn toe. Hij moet fel opborrelen rond het fruit. Voeg de rest van de wijn toe en schud zachtjes met de pan om het mengen van wijn, karamel en fruitsappen te helpen. De perziken zijn na 5 minuten klaar. Warm zijn ze heerlijk en je hoeft er eigenlijk helemaal geen taart bij te maken.

Voor 8 personen

Wat een gedoe over een paardenstaart. Kort nadat ik in Sydney arriveerde, kwamen de koks en restaurateurs van de stad in het geweer vanwege een opmerking van een journalist in de *Sydney Morning Herald* over de veronderstelde 'hangende' staat van de paardenstaart van chef-kok Neil Perry, nadat zijn gevierde restaurant Rockpool een koksmuts verloor – te vergelijken met een Michelinster – in de jaarlijkse *Good Food Guide* van de *Herald*. Het was inderdaad een dubieuze opmerking (een onlogische ook: hangt een paardenstaart niet van nature?), maar ik vond de controverse die eromheen ontstond verbazingwekkend.

neil perry

Achteraf gezien ontstak de opmerking gewoon het kruidvat dat was ontstaan uit de frustratie van de culinaire gemeenschap over de macht van de *Good Food Guide*. Het verlies van de koksmuts van Rockpool – die al lang weer is heroverd – verstoorde de status-quo en achter de commotie om Perry's paardenstaart schuilde een diepere onvrede. Maar voor een nieuwkomer toonde het incident hoe serieus Sydney zijn eten neemt, hoe breekbaar de ego's van sommige culinaire sterren zijn (dat is niets nieuws) en vooral hoe eerbiedwaardig de status van Neil Perry is, met paardenstaart en al, binnen de hechte culinaire gemeenschap.

In 1998 stond Perry's opvallende relatie met de nationale Australische luchtvaartmaatschappij Qantas in de kinderschoenen en was de kok in Londen om de nieuwe business class-service van de maatschappij te promoten. Ik interviewde hem voor *Food Illustrated* en herinner me zijn zwartleren jack, de al eerder genoemde paardenstaart en een bestudeerd *trashy* hotelsuite aan Gloucester Road, die allemaal erg rock-'n-roll aandeden. Zoals de meeste Britse culinaire journalisten kende ik Perry van zijn regelmatige verschijning in de Australische bladen, waar we allemaal op geabonneerd waren (een droeve aanklacht tegen de Britse publicaties van die tijd was dat de tweemaandelijkse gebeurtenis waar we het meest naar uitkeken het nieuwe nummer van *Vogue Entertaining + Travel* was). Neil Perry belichaamde de *coole* moderniteit van de Australische keuken en ik wilde het verhaal direct van de bron. In plaats daarvan was er een vermoeiend pr-type dat zijn uiterste best deed om ervoor te zorgen dat er weinig belangwekkends werd besproken en ik herinner me ook dat Perry een jetlag had, al kan het ook een list van het pr-type zijn geweest om ons gebrek aan conversatie soepel te laten verlopen.

De volgende keer dat ik een microfoon voor hem zet, in augustus 2004, zijn de dingen anders. We zijn met z'n tweeën, op een hier en daar zeurende mobiele telefoon na, maar er is in elk geval geen druk om over vliegtuigstoelen te praten. Ons vroege gesprek vindt plaats in Rockpool, het restaurant waar hij naam mee maakte in het district The Rocks in Sydney en dat waarschijnlijk Australiës beroemdste restaurant is. Perry staat aan de top van zijn vak en op de top van de wereld. Hij legt de laatste loodjes aan zijn derde boek, over twee weken opent hij een nieuw Aziatisch restaurant in de binnenstad en, het belangrijkste van alles, hij heeft een nieuwe, vier weken oude dochter, Macy, bij zijn derde vrouw Sam (Perry heeft ook een elfjarige dochter, Josephine). Hij heeft alle reden een gelukkig man te zijn, maar ook een gesloopt man. Hij ziet er irritant goed uit.

Perry is bescheiden noch opschepperig. Hij komt gewoon uit voor zijn eigen prestaties en die van Rockpool. Hij heeft heel wat om trots op te zijn en hij heeft er verdomd hard voor gewerkt. Perry is een gepassioneerde ambassadeur voor de keuken van zijn land, zowel in Australië als daarbuiten, en hij heeft de lat voor het restaurantwezen hoger gelegd. Hij is nog steeds de bekendste Australische kok buiten Australië, wat opmerkelijk is omdat zijn zakelijke avonturen tot nu toe alle op vaderlandse bodem plaatsvonden. Australiërs kennen zijn gezicht van tv (hij heeft zeven series gemaakt voor het Australische Lifestyle Channel, die overigens in meer dan 55 landen zijn vertoond) en van de supermarkt. Perry heeft een exclusief assortiment bij de Woolworths-supermarkten in Australië. 'We hebben daar een product in het schap staan dat uniek is en beter dan al het andere in de supermarkt,' is een typische Perry-bewering, maar je trekt de waarheid ervan niet in twijfel.

En op de dag dat ik dit schrijf, staat Perry's naam in de krant, naast die van landgenoten als Nicole Kidman, Mel Gibson, Cate Blanchett en Geoffrey Rush, die allemaal worden geëerd op een weelderig Australia Day-banket in Los Angeles. Australische acteurs zijn momenteel erg in trek in Hollywood en Perry is daar natuurlijk om hen iets van thuis te laten proeven. Voor het tweede opeenvolgende jaar staat hij achter de fornuizen om Australische producten te bereiden die de Stille Oceaan over zijn gevlogen voor de 1200 gasten. Verse *yabby's* (rivierkreeftjes), *hiramasa kingfish*, West-Australische kreeft, lamsvlees uit Victoria...

'Ik ben een van de weinige in Australië geboren jongens die de top heeft bereikt,' zegt hij achteloos, 'en ik ben erg blij om bij dingen als Qantas betrokken te zijn. Daar ben ik erg trots op.' Perry's menu's voor Qantas zijn uitzonderlijk. Ik ben een decennium heen en weer gevlogen tussen Australië en Europa en geloof me, ik weet wel wat van vliegtuigmaaltijden.

Perry is een vernieuwer. Volgens hem heeft restaurant The Blue Water Grill, dat hij halverwege de jaren tachtig dreef op Sydneys Bondi Beach [hij begon in de bediening, maar ging begin jaren tachtig de keuken in], de culinaire richting van Sydney veranderd. 'Het was een ongedwongen eetkamer waar het evenzeer om plezier als om goed eten ging. Ik grilde gewoon een vis, gooide hem op een bord en de persoon naast me deed er een klont kerrieboter op. Er stonden maar dertig dingen op de kaart. Mensen kwamen van het strand met zand aan hun voeten, bestelden een glas wijn en een krab of een heerlijk stuk tonijn. We lieten mensen nadenken over wat modern Australisch eten was.'

Rockpool, het prijswinnende, exquise restaurant dat Perry in 1989 opende, had zeker geen zand tussen zijn tenen. 'Rockpool moest een restaurant van wereldklasse worden waar Australiërs trots op konden zijn. Het was een van de eerste restaurants waar alles samenkwam: eten, wijn, bediening, decor, de totaalervaring. Bij Rockpool ging het om net dat stukje meer.' Rockpool was overigens ook het duurste restaurant dat Sydney ooit had gezien, met een inrichting die 1,8 miljoen Australische dollars kostte, geen klein bedrag in 1988.

Als je je blik over het Rockpool-menu laat gaan, merk je Perry's affiniteit met Aziatische smaken. Grote garnalen en kokoscake met

een *congee*-saus met *kimchi*, st.-jakobsschelpen met citroengras, theegerookte eend met prei en *gai tsjoy*. Hij mag zijn eten 'Neil Perry-eten' noemen – 'een directe relatie met mijn opvoeding en invloeden' – , maar het zijn vooral de Aziatische invloeden die hun sporen hebben nagelaten, een erfenis misschien van de keer dat hij als zesjarige samen met zijn vader krab at in een Chinees restaurant. Zijn versie van modern Australisch eten is een synthese van zowel Aziatische als Europese smaken. 'Je kunt het erfgoed van het eten in Rockpool zien,' legt hij uit, 'maar ik denk wel dat we het ons eigen maken. Zoals onze zwarte inktvisnoedels. Het was fantastisch om in Venetië te zitten en inktvisrisotto te eten, maar dan ga je het vertalen naar Australië, met vissaus erbij, wilde groene pepers of koriander, smaken toevoegen met dingen die waarschijnlijk heel vreemd zijn voor de gemiddelde Italiaan.' Om over de vervanging van de rijst door noedels maar te zwijgen.

Perry wil best toegeven dat niet alles van een leien dakje is gegaan. Rockpool heeft de toets van de tijd doorstaan, maar er zijn ook fabelachtige mislukkingen geweest. 'Ik ben, denk ik, geschoold door het leven. Ik heb zo veel door ervaring geleerd. Als we die duistere tijden niet hadden doorgemaakt, waren we nu niet in staat met succes te groeien. Je weet niet wat liefde is als je geen liefdesverdriet hebt gehad.'

'Ik wil het Rockpool-merk nog verder uitbouwen en XO [zijn nieuwe Aziatische restaurant] ook tot een merk ontwikkelen. Ik zou graag iets speciaals doen in Londen en de relatie met Qantas uitbouwen. Ik wil graag een geweldig culinair bedrijf opzetten met Woolworths, zodat meer Australiërs beter, verser voedsel kunnen eten. En verder heb ik niet zo veel aspiraties. Ik ben nu 48, dus pensioen zou een mooie aspiratie zijn.'

Pensioen? Neil Perry? Op de een of andere manier gaan die twee niet samen.

'Ik kook dit gerecht al twintig jaar. Het is heerlijk zalvend en als je net zo veel van varkensvet houdt als ik, zal dit een levenslange favoriet worden. Serveer met rijst en wat gestoomde Aziatische groenten.'

gestoofde ham met donkere sojasaus

1 stuk verse varkensham (ongeveer 500 g)
2 theelepels suiker
1 theelepel zout
160 ml donkere sojasaus
4 eetlepels plantaardige olie
5 sjalotten, in ringen
5 plakjes gember
5 tenen knoflook, in dunne plakjes
2 eetlepels gefermenteerde zwarte bonen, geprakt
100 g geplette kandijsuiker
1 pijpje kaneel
2 stukjes steranijs
2 stukjes suikerriet van 10 cm, geschild
1 liter verse kippenbouillon
8 gedroogde shii-take, 20 minuten geweld in warm water, zonder steeltjes
1 verse bamboescheut, in dunne plakjes en geblancheerd (of 100 g bamboescheuten uit blik)
3 lente-uitjes, in stukjes van 4-5 cm

Doe de ham in een ruime pan koud water en breng aan de kook. Gooi het kookvocht weg en was de ham om onreinheden te verwijderen. Droog de ham met keukenpapier en marineer hem 1 uur in suiker, zout en 2 eetlepels donkere sojasaus.

Verhit de olie in een wok en bruin de gemarineerde ham langzaam aan alle kanten. Voeg sjalotten, gember, knoflook en zwarte bonen toe en bak nog 1 minuut. Doe alles over in een niet te ruime pan en voeg de rest van de sojasaus, kandijsuiker, kaneel, steranijs en suikerriet toe. Giet er de kippenbouillon bij, breng aan de kook en laat zachtjes 2 uur sudderen. Voeg de shii-take toe en laat nog 30-40 minuten sudderen. Doe er tot slot de bamboe en lente-ui bij en sudder nog 5 minuten.

Haal het vlees en de andere ingrediënten uit de pan, leg alles op een diepe, warme schaal en giet er de bouillon over (kook de bouillon zo nodig in tot siroopdikte).

Voor 4 personen als deel van een gezamenlijk Aziatisch buffet

neil perry

'Een Rockpool-klassieker, deze combinatie van Italiaanse en Thaise smaken. Het is het donkerste, meest sexy en meest mysterieuze gerecht dat ik ken. Als je eenmaal zwart hebt gegeten, wil je van niets anders meer weten.'

roergebakken inktvis en garnaal met inktvisnoedels, spek, chili en koriander

inktvisnoedels
100 g bloem, plus extra om te bestuiven
snufje zeezout
1 heel ei
1 eierdooier
1 theelepel extra vergine olijfolie
1 theelepel inktvisinkt

extra vergine olijfolie
200 g schoongemaakte pijlinktvislijven, in reepjes van ½ cm
2 eetlepels gerookt spek, in blokjes
4 grote garnalen, gepeld en fijngehakt
1 kleine groene peper, fijngesneden
2 tenen knoflook, fijngehakt
1 theelepel inktvisinkt
60 ml kippenbouillon
Thaise vissaus
zeezout
125 g kerstomaatjes, gehalveerd
2 eetlepels korianderblaadjes
halve citroen

Zeef de bloem boven een ruime kom of boven een werkvlak. Voeg zout, ei, dooier en olie toe. Meng de inktvisinkt met wat water, roer door en voeg toe. Meng het deeg en kneed zachtjes, maar zeker niet te lang.

Verpak het deeg in plasticfolie en laat 30 minuten rusten. Haal het daarna uit de folie, bestuif het goed met bloem, haal het door een pastamachine en bestuif het bij elke gang door de machine opnieuw. Rol, als u de gewenste dikte hebt bereikt, het deeg op en snijd het in reepjes.

Breng een pan water aan de kook en blancheer de noedels *al dente*.

Verhit een royale scheut olijfolie in een koekenpan. Doe er inktvis, spek, garnalen, groene peper en knoflook in en roer snel om. Haal de pan even van het vuur, voeg de noedels toe en zet weer op het vuur. Voeg inktvisinkt, kippenbouillon, een scheut vissaus en een snuf zout toe. Doe er de kerstomaatjes en koriander bij en schep goed om. Controleer de smaak en maak af met een scheutje citroensap. Verdeel over vier borden en dien meteen op.

Voor 4 personen

Boven: roergebakken inktvis en garnaal met inktvisnoedels, spek, chili en koriander
Rechts: passievruchtentaart

'Deze salade draait om mooie verse producten uit het seizoen. Als u de krab zelf vers kookt, tilt u het gerecht van erg goed naar subliem. Gebruik echter in geen geval artisjokken uit blik; hun intense smaak doodt de subtiliteit van het gerecht. Neem jonge artisjokjes, die hebben geen hooi om te verwijderen.'

krab *au naturel* met verse groenten

4 jonge artisjokken
200 g jong koolblad, in fijne reepjes
8 hele amandelen, geroosterd, gepeld, in dunne plakjes
extra vergine olijfolie
1 eetlepel rodewijnazijn
zeezout en vers gemalen witte peper
240 g krabvlees
4 theelepels vers citroensap

knoflookroom
50 g gepelde knoflook
200 ml slagroom
zeezout en vers gemalen witte peper, naar smaak

voor het serveren
5 g zuurdesembrood, in blokjes van 5 mm
4 tenen knoflook, in dunne plakjes en gebakken in olijfolie
20 g aardpeer, in dunne plakjes en gebakken in olijfolie

Snijd de artisjokkenharten in de lengte in dunne plakjes en leg ze in aangezuurd water om verkleuren te voorkomen.

Meng kool en plakjes artisjokhart. Voeg de amandel, een flinke scheut olijfolie, de rodewijnazijn, zeezout en peper naar smaak toe.

Meng in een aparte kom de krab met 1 eetlepel olijfolie, citroensap, zeezout en peper naar smaak.

Kook voor de knoflookroom de knoflook in water tot hij erg zacht is, giet af, laat afkoelen en stamp fijn in een vijzel. Klop de slagroom tot zachte pieken. Spatel er voorzichtig de knoflook door en breng op smaak met zout en peper.

Zet voor het serveren een deegring op elk bord en schep er de salade in. Voeg de blokjes brood, de knoflookchips en de aardpeerchips toe, bedek met krab en haal voorzichtig de ring weg. Maak af met een quenelle van ongeveer 1/2 eetlepel knoflookroom (u zult room over hebben). Besprenkel met extra vergine olijfolie.

Voor 4 personen als voorgerecht

'Als klein kind plukte ik passievruchten van de struik in de tuin voor mijn moeders pavlova. Deze passievruchtentaart is heel wat ingewikkelder, maar al even Australisch. Dit zoete korstdeeg is ideaal voor taarten met custard en fruit. Het kan van tevoren worden gemaakt en is een week houdbaar in de koelkast. Het is ook goed in te vriezen. Dit recept is goed voor één taart van 28 cm of meerdere kleine taartjes.'

passievruchtentaart

zoet korstdeeg
250 g bloem
75 g boter, in blokjes
snufje zeezout
90 g poedersuiker, gezeefd
50 ml melk
2 eierdooiers

vulling
9 eieren van 55 g
350 g fijne kristalsuiker of witte basterdsuiker
300 ml slagroom
350 ml passievruchtensap, gezeefd

geurloze oliespray
bloem voor het uitrollen
wat geklopt ei, voor het glaceren
poedersuiker, om te serveren

Doe voor het deeg bloem, boter, zout en poedersuiker in een keukenmachine en draai 20 seconden. Voeg melk en eierdooiers toe en draai nog 30 seconden tot zich een massa vormt. Leg op een licht bebloemd werkvlak en kneed even voorzichtig door. Maak een bal, verpak in plasticfolie en leg 1 uur in de koelkast.

Maak de vulling een dag eerder (rust gaat schiften tegen). Breek de eieren boven een kom en klop. Voeg suiker toe en blijf kloppen tot hij helemaal is opgenomen. Giet er ondertussen de room bij. Roer er dan goed het passievruchtensap door. Dek af en zet een nacht in de koelkast.

Bespuit een geribbelde taartvorm met losse bodem van 28 cm met oliespray. Bebloem een werkvlak lichtjes en rol het deeg uit tot het 2 cm dik is en groter dan de taartvorm. Rol het deeg over uw deegrol en leg het voorzichtig over de taartvorm; druk de zijkanten zachtjes aan in de ribbels. Zet 30 minuten in de koelkast.

Verwarm de oven voor op 180 °C. Bekleed de taartbodem met aluminiumfolie, schep rijst of gedroogde bonen op de folie en bak de taart 20 minuten blind. Verwijder rijst of bonen en folie, bestrijk de taartbodem met geklopt ei en bak nog 10 minuten. Haal uit de oven, laat de temperatuur zakken naar 140 °C en zet de taart weer in de oven. Giet met een maatbeker voorzichtig de vulling op de bodem en vul tot de rand. Bak 40 minuten. Controleer: de taart moet min of meer gestold zijn, maar nog wat wiebelig in het midden. Als u hem er te vlug uithaalt, zal hij nog niet zijn gestold en uitvloeien bij het aansnijden. Als u hem te lang laat staan, zal hij te stijf zijn en zijn elegantie verliezen.

Haal de taart uit de oven. Ze de vorm op een beker en verwijder de ring van de vorm. Leg de taart op een rooster en verwijder de bodem van de vorm met een pannenkoekmes. Zo kan de taart afkoelen en het deeg krokant worden in plaats van zweterig. Leg de ring omgekeerd op de taart om hem zijn vorm te laten behouden bij het afkoelen. Laat 1 uur afkoelen. Snijd zorgvuldig met een gekarteld mes, bestuif met poedersuiker en serveer.

Voor 8 personen

Misschien zijn Alastair Hendy en ik gescheiden bij onze geboorte. We zijn even oud, komen beiden uit de Engelse Home Counties en beweren beiden dat we als kind de meest stijlvolle slaapkamer van de buurt hadden. We studeerden allebei theater, noemen beiden Terence Conran, *Vogue Entertaining + Travel* en het werk van Nigel Slater als essentiële invloeden op onze carrières en allebei onze moeders richtten zich voor keukenadviezen tot de wijze woorden van de Britse kookgoeroe Marguerite Patten. Waarin we verschillen, is dat hij zegt dat hij als kind kookte. Ik at alleen maar.

alastair hendy

Alastair Hendy beweert ook dat ik hem bij onze eerste ontmoeting zei: 'Kom maar terug als je beroemd bent.' Hij had ook nog wel 'jongeman' aan het eind van die zin kunnen toevoegen, om het af te maken. Kennelijk zei ik het op een vriendelijke manier, maar tenzij Samuel Goldwyn of Louis B. Mayer via mijn mond sprak, kan ik me niet voorstellen dat ik zo bot was. De simpele waarheid is dat ik een tv-kok nodig had voor de cover van een nieuw blad voor de Debenhams-winkelketen (het was 1996 of 1997) en Hendy was weliswaar toen al een begenadigd talent maar geen begrip. Hij moet me letterlijk hebben genomen, want hij ging weg en werd een eersteklas, prijswinnende auteur en fotograaf. Al geeft hij zelf toe – met droge humor – dat de tv-camera's nog van hem moeten gaan houden.

Bij de koffie in het strakke pakhuis in het Oost-Londense Shoreditch, dat als studio, kantoor, testkeuken en woning van hem en zijn partner dient, vertelt Hendy me (in een door een eindloos om aandacht vragende telefoon doorspekt gesprek) dat er 'nog geen woord is uitgevonden' om hem te beschrijven. Hij is een menselijk tijdschrift: reiziger, schrijver, kok, voedselstilist, fotograaf, artdirector.

'Ben je een *control freak*, Alastair?'

'Ja, dat weet je.'

Dat weet ik inderdaad. Talenten als Hendy en zijn Australische tegenhanger Donna Hay (ze mogen beiden bezwaar maken tegen de vergelijking, maar ik vind dat ze een vergelijkbare esthetiek delen en dat beiden op eenzelfde manier culinaire media in hun respectievelijke landen hebben beïnvloed) kunnen soms de nachtmerrie van een hoofdredacteur zijn omdat ze alles het liefst op hun eigen manier doen. Hendy en ik hebben al wat af gekibbeld – meestal goedaardig –, maar hij weet dat ik zijn talent altijd heb gerespecteerd. Als voedselstilist gaf hij met zijn beelden klasse en scherpte aan *Food Illustrated*, terwijl zijn sfeervolle foto's magie blijven verlenen aan *Vogue Entertaining + Travel*.

Hendy's carrière is een cocktail geweest van talent en verbazingwekkende mazzel. Als antiekhandelaar met een passie voor eten ontmoette hij Antonio Carluccio (de Carluccio's zijn vrienden en een vaste factor in zijn carrière) via een kookwedstrijd van het BBC *Good Food Magazine* (Carluccio zat in de jury), die hij niet won. Niet van zijn stuk gebracht doorliep Hendy daarna de slopende etappes van BBC's kookwedstrijd *Masterchef* op tv. Hij won opnieuw niet, maar de ervaring gaf hem de moed in te zetten op een fulltime carrière in eten. Tijdens zijn werk voor Priscilla Carluccio (hij had ook al een tijdje in Antonio's keuken gewerkt als pudding- en saladekok) kwam hij onder de aandacht van Angela Mason, de geduchte culinaire redactrice van het blad *YOU* van de *Mail on Sunday*. Mason, altijd op zoek naar nieuw talent, gaf hem de kans nu en dan een eetcolumn te schrijven. 'Angela zag iets in me en wilde me een kans geven, wat erg aardig was. Meteen in een nationale krant staan zonder mijn weg naar boven te hoeven werken als voedselstilist en dat soort dingen.' Aardig inderdaad.

Zijn journalistieke carrière omvatte ook het culinair redacteurschap van het blad *Red* en een lang verblijf bij *The Sunday Times*. Hij werkt tegenwoordig ook mee aan het tweede culinaire blad van de BBC, *Olive*. Hij wordt nogal eens moe van wat hij ziet als de terughoudendheid van de Britse culinaire media om risico's te nemen. 'We zijn zo bezadigd soms, het is bijna alsof we eten niet begrijpen tenzij het grappig en kleurrijk is.' (Ik deel zijn standpunt; het is wat ik het 'pantomime-damesyndroom' noem: Britten zien hun eten graag geserveerd met een scheut slapstick, vandaar de traditie – en het succes – van culinaire tv-helden als Ainsley Harriott en de Two Fat Ladies). 'En zo is het nog steeds,' gaat Hendy verder. 'We hebben tv-koks als Gordon Ramsay die zich belachelijk moeten gedragen om iedereen te laten kijken.'

Hij heeft soms de naam, laten we zeggen, eigenzinnig te zijn en is zelden bang zijn mening te geven. Hij zegt dat zijn weigering om compromissen te doen aan zijn creatieve ideeën er ook toe leidde dat hij de camera ter hand nam. 'Ik kon niemand vinden om te doen wat ik wilde, dus dacht ik: waarom doe ik het verdomme niet gewoon zelf. Neem die foto's, stileer alles en dan kan ik alleen mezelf de schuld geven.'

Wat zijn ideeën over de Britse culinaire media ook zijn, Hendy begrijpt dat eetgewoonten, waarschijnlijk onomkeerbaar, zijn veranderd. Dat was de hypothese waar hij zijn boek *Home Cook* (2004) op baseerde. 'Iedereen werkt harder,' legt hij uit. 'Er is niemand thuis die de hele dag in de keuken staat. Zo werkt het niet meer. We nemen allemaal sluiproutes en kopen half of helemaal kant-en-klaar voedsel zodat we het allemaal snel bij elkaar kunnen gooien.' Ik vond *Home Cook* op een geruststellende manier met beide benen op de grond staan, trouw aan de claim van de schrijver dat het een combinatie is van 'dingen die je nu thuis kookt, dingen die je moeder maakte en die je nog steeds lekker vindt, en dingen die we in de toekomst zullen doen'. Het is verfrissend minder pretentieus dan bepaald eerder werk van hem (voor het recept van zijn moeders kalkoencurry zijn bijvoorbeeld mandarijnpartjes uit blik nodig).

Reisfotografie is een recente pijl op Hendy's boog. Hij is een gepassioneerd reiziger. 'Thuiskok over de hele wereld' is zoals hij zijn aanpak mooi omschreef en persoonlijk denk ik dat dat het medium is dat hem het best ligt. Natuurlijk is het een koffietafelboek dat waarschijnlijk alleen ervaren koks aanspreekt, maar iedereen die zijn *Food and Travels: Asia* heeft gezien, weet dat hij een superieur oog heeft voor het vangen van de stemming van een land via details en die naadloos verweeft met het plaatselijke voedsel. De beelden zijn exquise.

Interessant genoeg zei Hendy eerder in ons gesprek dat wat hem vroeg in zijn carrière naar *Vogue Entertaining + Travel* dreef, de manier was waarop het Australische blad briljant voedsel en mode samenvoegde. Het sprak zijn stilistenoog aan. In veel opzichten vertegenwoordigt zijn culinaire- en reisfotografie een vergelijkbare mix, waarbij hij de eetkamers en etentjes van weleer verving door exotische (maar modieuze) echte reisbestemmingen. Met name één foto, genomen in Vietnam, bezorgde hem de eerste prijs op de World Food Media Awards in Adelaide in 2003. Hij werd ook eerste bij de culinaire journalisten. 'Ik was zo uitgelaten, ik had nog nooit een prijs gewonnen en toen had ik er ineens twee, allebei goud. Ik huilde.'

Omdat hij zich beweegt in een uitgeefwereld die liever ziet dat talenten één vastomlijnde vaardigheid hebben en er geen woord bestaat om te omschrijven wat hij doet, is Alastair Hendy, schrijver annex kok annex stilist annex fotograaf, voor velen een raadsel. Niet iedereen kan hem volgen. Maar ik durf te beweren dat ik hem altijd al heb gezien als de meest vooruitstrevende voedselstilist van Groot-Brittannië. Hij is een vernieuwer en soms zijn mensen dat zat. 'Ik zie rijen borden op foto's, dat hele zengedoe is nog steeds aan de gang,' klaagt hij. 'Dat hadden we al lang moeten laten varen, maar mensen doen het nog steeds. En opgevouwen servetten onder borden, ik kan er niet tegen. Ik bedoel, wat dóén die daar?'

'Bij deze "Japan in een kom" moeten er ook geraspte radijs, extra zeewier, een beetje wasabi en een fles Kikkoman-saus op tafel staan. Het is een geweldige combinatie van zaken uit je keukenkastje, die met de toevoeging van een makkelijke plak zalm en wat knapperige slablaadjes versterkend fris is en een perfect eenkomsdiner vormt. Dashi *is een Japanse bouillon, gemaakt van gedroogde bonito, verkrijgbaar in handige zakjes. U kunt ook teriyaki-marinade uit een fles gebruiken in plaats van mirin en sojasaus. Ik wil dat u dit kookt, niet dat u zich uitslooft.'*

eenkomsnoedels

4 zalmfilets van 150 g, liefst wild, zonder vel
zout en peper
60 ml mirin
60 ml donkere sojasaus
400 g soba (boekweitnoedels) of tarwenoedels
plantaardige olie
1½ liter Japanse dashi-bouillon (gebruik een zakje) of lichte kippenbouillon
1 eetlepel geroosterd sesamzaad
1 eetlepel verkruimeld, geroosterd norizeewier (het soort dat wordt gebruikt voor sushi)
4 lente-uitjes, fijngesneden
een ruime hand vol knapperige jonge blaadjes, zoals waterkers of iets oosters

Wrijf de filets in met wat zout en peper, doe ze in een boterhamzakje en giet er de helft van de mirin en de helft van de sojasaus bij. Masseer lichtjes en laat dan 1 uur of langer liggen, onder af en toe omdraaien.

Kook ondertussen de noedels volgens de gebruiksaanwijzing op de verpakking. Voeg voor perfecte noedels – en dit is alleen voor perfectionisten – twee keer 125 ml koud water toe aan de pan tijdens het koken en laat het water na elke toevoeging weer aan de kook komen (van deze onderbrekende kooktechniek worden ze steviger). Giet af en spoel na met koud water.

Wrijf de gemarineerde zalm in met wat olie en leg in een voorverwarmde koekenpan (liefst met antiaanbaklaag), schroei ongeveer 2 minuten aan elke kant en voeg op het laatst een scheutje marinade toe; dit haalt de teriyaki-smaak op, karameliseert de vis mooi en houdt hem dieproze in het midden. Geen geschuif met de pan tijdens het schroeien.

Breng de bouillon stevig aan de kook met de rest van de mirin en sojasaus. Verdeel de noedels en bouillon over vier royale kommen. Bestrooi met sesamzaad en verkruimeld zeewier en leg er dan zalm, lente-ui en blaadjes op.

Eetstokjes in de aanslag, soeplepels op scherp en aanvallen.

Voor 4 personen

'Ik doe veel lekkere dingen op mijn toast: gebakken kabeljauwkuit, plakjes tomaat met zeezout, enzovoort. Wilde paddenstoelen zijn goed, maar ik ben net zo tevreden met die goedkope, massaal geproduceerde dikkopjes, die op deze manier hemels worden.

Recepten liggen niet vast, dus stel ik vaak variaties op een thema voor, zoals hier. Ik kan dit 's morgens, 's middags en 's avonds eten. Het definitieve toastbeleg. Als een eeuwigdurende kindertijd.'

paddenstoelen op toast

champignons (kastanje-, grot- of gewone witte champignons), in dikke plakken
boter, voor het bakken en besmeren
zeezout en heel veel vers gemalen zwarte peper
dikke sneden witbrood

Bak de champignons in wat boter tot ze goed bruin zijn, maar zet het vuur niet te laag want dan laten ze al hun heerlijke sappen in de pan lopen. Breng op smaak met zout en veel zwarte peper.

Rooster het brood goudbruin en wees royaal met de boter, die moet er bijna afdruipen. Bedek de toast met de champignons en bedruip met de sappen uit de pan. Draai er nog wat peper over en serveer meteen.

Variaties: Voeg grof gehakte majoraan, tijm of wat salie toe aan de champignons; u kunt eventueel ook de knoflookkant op gaan. De meer vlezige paddenstoelen zijn heerlijk met een lepel mierikswortelroom: klop vers geraspte mierikswortel door crème fraîche met fijngehakte sjalot, een scheutje wijnazijn en wat peper en zout.

Voor zoveel personen als u wilt

'Ik ben dol op Marokko. Ik ben gek op de tagines. Het is de combinatie van gedroogd fruit, vlees en groente die het hem doet. Langzaam gekookte eenpansmaaltijden doen het goed in het Britse klimaat. Hier is een recept voor de winter; bovendien zijn lamsschenkels lekker handig bij het uitserveren. Maak het ruim van tevoren, want de smaken worden intenser naarmate ze aan elkaar wennen. Warm dan gewoon 30-40 minuten op in een halfwarme oven. Eet met couscous of plat brood en bestrooi met wat verse munt.

gestoofd lamsvlees met walnoten en vijgen

4 kleine lamsschenkels of ongeveer 1 kg uitgebeende lamsschouder, in grote stukken
2 eetlepels olijfolie, plus extra voor het bestrijken
zout en zwarte peper
2 grote uien, elk in vier dikke schijven
1 theelepel gemberpoeder
1 theelepel kaneelpoeder
1 theelepel korianderpoeder
1 theelepel komijnpoeder
3 pijpjes kaneel
4 reepjes sinaasappelschil
500 ml lamsbouillon, of water
10 halfdroge vijgen
12 walnoothelften

Bruin het lamsvlees aan alle kanten in de olie in een ruime braadpan en bestrooi met zout en peper. Haal van het vuur, neem het vlees uit de pan, leg de plakken ui op de bodem en leg daar het vlees weer op.

Bestrooi nu met alle specerijen en stop de stukken sinaasappelschil en de kaneel tussen het lam. Giet er ongeveer 500 ml bouillon of water bij, zodat het vlees in een ondiepe plas staat.

Voeg opnieuw peper en zout toe. Dek af, breng aan de kook en zet de pan in een op 180 °C voorverwarmde oven (ietsje minder bij een heteluchtoven) en laat 3 uur pruttelen.

Controleer halverwege het vochtniveau en voeg voor het laatste uur de vijgen en walnoten toe. Het vlees moet mals en sappig zijn en zo ongeveer van het bot vallen. Serveer met couscous of plat brood.

Voor 4 personen

alastair hendy

'Het gebruikelijke scenario is: "Snel, ik heb iets nodig dat meteen klaar is, maar toch eigengemaakt, stijlvol en zo heerlijk dat iedereen het er nog dagen over heeft." Dit is een grote vlaai die makkelijk in rechthoeken te snijden is. Hoe gehaast ik ook ben, hij ziet er altijd prachtig uit. Uit de abrikozen loopt een verrukkelijk concentraat dat het schitterend doet bij het deeg. Neem pruimen als u geen abrikozen kunt vinden.'

abrikozenvlaai voor noodgevallen

1 kg abrikozen
kant-en-klaar bladerdeeg
1½ eetlepel fijngemalen amandelen of bloem
3 eetlepels fijne kristalsuiker of witte basterdsuiker
1 ei, licht geklopt
4 eetlepels abrikozenjam
crème fraîche of slagroom (of, in mijn geval, beide)

Verwarm de oven voor op 220 °C, een heteluchtoven meer in de buurt van 200 °C.

Snijd met een klein, kort mesje in de ene hand en een abrikoos in de andere de vruchten in de lengte in drie parten, waarbij u met de punt van het mes de pit volgt. Dit is heel simpel en zal sneller gaan naarmate u deze Jack the Ripper-actie onder de knie krijgt.

Rol dan het deeg uit op een ingevette bakplaat, ongeveer ter grootte van die bakplaat (idealiter met een klein randje). Bestrooi met gemalen amandel of bloem en de helft van de suiker en laat daarbij een strook aan de randen vrij.

Verdeel de partjes abrikoos over het deeg, waarbij elke rij de vorige overlapt, zodat de puntige uiteindes wat omhoogsteken, en laat opnieuw een strook aan de randen vrij.

Strooi er de rest van de suiker over en bestrijk de vrije stukken deeg royaal met geklopt ei. Bak 30 minuten in het midden van de oven of tot de randjes krokant zijn. De uiteindes van de abrikozen moeten wat geblakerd zijn en het deeg aan de onderkant moet gaar zijn.

Roer de abrikozenjam met 2 eetlepels water in een steelpannetje op laag vuur tot een siroop en bestrijk hiermee de vlaai nadat hij een paar minuten is afgekoeld. Eet vers met veel room.

Voor 8 personen

alastair hendy

In Ballymaloe House proefde ik mijn eerste oester en mijn eerste zee-egel. Ik werd dolverliefd op oesters en voelde me ongelooflijk stom dat ik er zo lang over gedaan had ze te proberen. Van de zee-egel had ik meteen spijt. Ik stond in de fijne Ierse motregen bij de Ballymaloe Cookery School en keek gefascineerd naar een buslading dames met hoofddoekjes en regenjassen die, met de vrome intensiteit van pelgrims in Lourdes, het terrein afspeurden voor een glimp van Darina Allen. Ik heb de dagelijkse vangst zien uitladen in de kleine haven van Ballycotton en een paar pinten romige Guinness gedronken in de lokale pub. Ik heb gedineerd met het gezin Allen en de delicate concentratie van smaken geproefd in de lokale, gegrilde kabeljauw met wildewaterkers-boter, een stamppotje van lente-ui en vederlichte *carrageen*, de zoete mousse gemaakt van *Irish moss* (zeewier) van de zuidwestkust van Ierland. Ballymaloe is een magisch oord en herinneringen overspoelen me: het geknetter van een haardvuur, de heerlijke prikkeling van houtrook, de kilte van een nacht in graafschap Cork. Havermoutpap met room, vers sodabrood en kippers: de glorieuze, gulzige geneugten van een Ballymaloe-ontbijt.

darina allen

Maar op een frisse herfstmorgen in 2004 is Darina Allen mistroostig. Allen, oprichtster van de wereldberoemde Ballymaloe Cookery School, is de gepassioneerde en openhartige vaandeldraagster van de Ierse keuken, of misschien beter gezegd, de covaandeldraagster, want ze deelt die eer met haar schoonmoeder, de geduchte Myrtle Allen, van het naburige Ballymaloe House. Meer dan dertig jaar staan beide Allens voor goed, eerlijk, traditioneel Iers koken, in overeenstemming met de seizoenen en het landschap. In recenter jaren is Darina Allen een opvallende ambassadrice geworden voor de biologische beweging in Ierland, een voorvechtster van ambachtelijke voedselproducenten en een enthousiaste ijveraarster voor de lokale boerenmarkten die zich nu over de republiek verspreiden.

Deze ochtend is ze echter wanhopig, ervan overtuigd dat de halve bevolking van Ierland in permanente staat van indigestie verkeert. In een dorpswinkel in het nabije Shanagarry telde ze elf middeltjes tegen indigestie. 'Ze zouden het spul niet verkopen als er geen vraag naar was. Als je mensen alleen maar kon laten beseffen – ze er gewoon even stil bij laten staan – dat de reden waarom ze zich zo waardeloos voelen, de troep is die ze naar binnen hebben geschoffeld.'

'Als je vuile benzine in een auto stopt, zal hij puffen en sputteren en stilvallen. Mensen lijken niet te begrijpen dat als ze een knobbel, een pukkel of uitslag krijgen, dat vaak te maken heeft met het eten dat ze nuttigen. We moeten mensen aanmoedigen echt goede kwaliteitsproducten te zoeken. Dat hoeft niet duur te zijn, gewoon vers, lokaal, natuurlijk geproduceerd voedsel uit het seizoen. Als ze dat op tafel zetten, zijn ze lang zo veel niet kwijt bij de drogist.'

Allen is de oudste van negen kinderen en groeide op in een huishouden waar 'je absoluut drie maaltijden per dag kreeg. Het was heerlijk, simpel, familie-eten, maar met negen kinderen moest je als de ene maaltijd net op was, bijna al aan de volgende beginnen.' Op de hotelschool in Dublin aan het eind van de jaren zestig besefte ze dat ze koken het allerleukst vond.

'Ik wilde weten hoe je ijs, patés, terrines en soufflés maakt. En ik wilde meer weten over verse kruiden. We hadden peterselie, tijm en bieslook thuis, maar wat was basilicum? Wat waren majoraan, dragon en citroengras? In die tijd kon je het aantal goede restaurants in Ierland op één hand tellen en dan hield je misschien nog wel één of twee vingers over, en geen van hen liet vrouwen toe in de keuken. Mannen waren koks, vrouwen dreven theewinkeltjes.'

Een van Allens leraren vertelde haar over een boerin in de buurt van Cork die een restaurant had geopend in haar eigen huis. 'Ze zei: "Ik geloof dat het mijlen uit de route is, maar kom jij zelf niet van het platteland? Het zal jou waarschijnlijk wel bevallen."' Die boerin was uiteraard Myrtle Allen, die ongetwijfeld meer dan een beetje van zichzelf herkende in de jonge vrouw die uit Dublin kwam voor een baan.

'Dus ik kwam in Ballymaloe,' gaat Allen verder, 'en ik ontmoette deze grijsharige vrouw die me het tegenovergestelde leerde van alles wat ik had geleerd. Ik was als een spons en zoog alles op wat ze zei. Niet iedereen kan dat van zijn schoonmoeder zeggen, maar ze is echt inspirerend en heeft een visionaire blik. Ze was ervan overtuigd dat als ze haar gezin een gezond menu voorzette, ze een vrij goede kans hadden gezond te blijven. Dat was haar primaire motivatie, dat en het feit dat mijn schoonvader dol was op eten.' In een tijdperk waarin kip Maryland en scampi om de suprematie streden op chique menu's, serveerde Myrtle Allen verse makreel uit Ballycotton, rijstpudding, koolraap, meiraapjes en pastinaak. 'Allerlei producten die je toen nooit op menukaarten zag. Myrtle kookte het eten dat ze ook haar gezin en vrienden serveerde en de klanten waren er dol op.'

Binnen een paar maanden nadat ze bij Myrtle was gekomen, ontmoette Darina de oudste zoon van de Allens, Tim. Het stel trouwde in 1970 en de kookschool ging in 1983 open. Ballymaloes, voor die tijd, afwijkende filosofie van biologisch koken naar het seizoen trok uiteindelijk studenten aan uit de hele wereld ('We gebruikten gewoon de producten van onze boerderij en uit de omgeving, dat leek niet meer dan logisch') en Darina Allens faam ging gelijk op met die van haar school.

In de meer dan twintig jaar sinds de eerste studenten aan de fornuizen van Ballymaloe stonden, heeft Allen talloze kookboeken geschreven, regelmatig tijdschriften- en krantenartikelen verzorgd (ze heeft nog steeds een wekelijkse column in *The Irish Examiner*) en acht of negen (zelfs zij weet het niet meer) tv-series gemaakt voor het Ierse RTE. Ze is een Iers instituut en het is geen wonder dat de gegoede dames uit Cork en verder haar foto, haar handtekening en haar wijsheid willen op een bustour naar de Ballymaloe Cookery School. Zelfs een schandaal dat de familie Allen (en heel Ierland eigenlijk) een paar jaar geleden in beroering bracht, lijkt niets aan haar status te hebben afgedaan.

En terecht. Allen en een kleine troep medestanders over de hele wereld (onder wie haar 'soulsister' Alice Waters in Californië, Australiës Stephanie Alexander, Carlo Petrini van de Slow Food-beweging en de Indiase culinaire schrijfster en activiste Vandana Shiva) zijn een sterke en noodzakelijke kracht ten goede. Allens zendingsdrang – als we het zo kunnen noemen – dient niet haar eigen zaak.

Ze gelooft met heel haar hart in de rol die goede voeding kan spelen in de groeiende gezondheidscrisis in de wereld en is niet bang om voor haar mening uit te komen. Ze is betrokken bij de Food Safety Authority van Ierland, de Irish Food Board, de Irish Organic Trust en, steeds meer, bij de Slow Food-beweging. 'Ik ben erg bezorgd over wat we overdragen aan komende generaties in de vorm van genen,' vertelde ze me. 'Er zijn tal van indicaties dat de zaken serieus zijn misgegaan en diegenen onder ons die zich ervan bewust zijn, hebben de plicht zich uit te spreken.'

Nieuwe studenten voor de twaalfweekse cursus op Ballymaloe krijgen meteen een voorproefje van de methode Allen. 'Ik weet dat het klinkt als achterhaald hippiegedoe,' lacht ze, 'maar het eerste recept dat de studenten krijgen, is hoe ze compost moeten maken. Ik moet ze wakker schudden en na laten denken over hoe hun voedsel wordt geproduceerd en waar het vandaan komt.'

Allens wanhoop over de staat van Ierlands menu wordt lichter als ze een nieuw televisie-idee bespreekt dat ze van de grond wil krijgen: een serie bedoeld om mensen weer traditioneel eten te laten koken, opnieuw vaardigheden te leren die ooit van generatie op generatie over gingen. 'Ik wil dat mensen weer rond de keukentafel gaan zitten. Al is het maar voor een omelet of een simpele bonenschotel. Haal die verdomde tv uit de keuken, ga zitten en deel samen het eten. Zet de pan op tafel. Zo moeilijk is het niet. We kunnen altijd tijd vrij maken voor belangrijke zaken, het is gewoon een kwestie van prioriteiten.'

'Colcannon is een van Ierlands meest geliefde, traditionele aardappelgerechten: luchtig gepureerde aardappel doorspekt met gekookte groene of boerenkool. Dit recept gebruikt dezelfde ingrediënten om een heerlijke soep te maken.'

Ierse colcannonsoep

75 g boter + een klontje extra
400 g geschilde aardappel, in blokjes
100 g ui, in blokjes
zout en vers gemalen zwarte peper
1 liter eigengemaakte kippen- of groentebouillon
400 g savooienkool
125 ml volle melk, of zoveel als nodig is

Smelt 50 g van de boter in een pan met dikke bodem. Voeg, als hij schuimt, aardappel en ui toe en schep ze om tot ze goed bedekt zijn met boter. Breng op smaak met zout en peper. Dek af en laat zachtjes 6-8 minuten zweten. Giet er de bouillon bij, draai het vuur hoger en kook tot de groenten gaar, maar niet verkleurd zijn.

Maak ondertussen de beboterde kool. Verwijder de harde buitenste bladeren van de kool en gooi die weg. Snijd in vieren, verwijder stelen en snijd dan op de draad in fijne reepjes. Doe 2-3 eetlepels water in een ruime pan met de rest van de boter en een snufje zout. Breng aan de kook, voeg de kool toe en schep voortdurend om op hoog vuur en dek dan een paar minuten af. Schep weer om en voeg meer zout, vers gemalen zwarte peper en een extra klontje boter toe.

Pureer de kool in een blender of keukenmachine en voeg toe aan de soep (of pureer de kool in de soep als u een zachtere textuur prefereert). Controleer de smaak. Verdun met volle melk tot de gewenste dikte.

Voor 6 personen

darina allen

'Gist is een levend organisme dat warmte, vochtigheid en voeding nodig heeft om te groeien. Zorg dat ingrediënten en uitrusting op lichaamstemperatuur zijn. U kunt witte of bruine suiker, honing, schenkstroop of dikke stroop gebruiken. Ze geven elk net een iets andere smaak aan het brood. Bij Ballymaloe gebruiken we dikke stroop en op steen gemalen volkorenmeel. De hoeveelheid natuurlijk vocht in het meel varieert naar de atmosferische omstandigheden. De hoeveelheid water moet daaraan worden aangepast. Het deeg moet net te nat zijn om te kneden, het heeft ook geen kneden nodig. Ik geef twee verschillende hoeveelheden, zodat u één brood of meerdere broden kunt maken.

U kunt ook gedroogde gist in plaats van bakkersgist gebruiken. Volg dezelfde methode, maar gebruik de helft van het gewicht als voor verse gist en laat langer rijzen.'

Ballymaloe bruin gistbrood

voor 1 brood van 13 x 20 cm
450 g volkorenmeel of 400 g volkorenmeel met 50 g eiwitrijke bloem
1 theelepel zout
1 theelepel dikke stroop
425 ml water, op lichaamstemperatuur
25 g verse, niet genetisch gemanipuleerde gist
zonnebloemolie
sesamzaad, eventueel

voor 4 of 5 broden van 13 x 20 cm
1,8 kg volkorenmeel of 1½ kg volkorenmeel met 225 g eiwitrijke bloem
1 eetlepel zout
2-3 volle theelepels dikke stroop
1,6-1,7 liter water, op lichaamstemperatuur
50-100 g verse, niet genetisch gemanipuleerde gist
zonnebloemolie
sesamzaad, eventueel

Verwarm de oven voor op 230 °C.

Meng meel met zout. De ingrediënten moeten allemaal op kamertemperatuur zijn. Meng in een kommetje de stroop met wat water (ongeveer 140 ml water voor 1 brood en 290 ml voor 4-5 broden) en kruimel er de gist in.

Zet de kom een paar minuten op een warme plek om de gist op te starten. Vet de broodvorm(en) in met zonnebloemolie. Controleer of de gist al rijst. Na 4-5 minuten is de gist licht schuimig aan de bovenkant.

Giet, als het zover is, het gistmengsel en de rest van het water bij de bloem voor een luchtig, vochtig deeg. Het mengsel moet te nat zijn om te kneden. Doe het mengsel in de ingevette vorm(en). Bestrooi de bovenkant van het brood eventueel met sesamzaad. Zet de vorm(en) op een warme plek, bijvoorbeeld dicht bij het fornuis of een radiator. Bedek de vorm(en) met een theedoek om velvorming tegen te gaan. Verwijder de theedoek als de bovenkant net bij de rand van de vorm is en zet het brood 50-60 minuten in de oven, of tot het mooi bruin is en hol klinkt als u erop klopt. Het rijst nog wat na in de oven, de zogenoemde ovenrijzing. Als het brood al boven de rand van de vorm is gerezen voordat het de oven in gaat, zal het blijven rijzen en over de rand komen.

We halen de broden meestal 10 minuten voor het eind van de baktijd uit de vorm en zetten ze dan terug in de oven om rondom knapperig te worden, maar als u van een zachtere korst houdt, hoeft dat niet.

Boven: Ierse colcannonsoep
Rechts: gebakken schol of tong met kruidenboter

'Dit is een erg eenvoudig "meesterrecept" dat niet alleen kan worden gebruikt voor schol en tong, maar voor elke platvis, inclusief griet, tarbot, schar, bot en tongschar. Afhankelijk van de grootte van de vis kan het een voor- of een hoofdgerecht zijn. Het is ook heerlijk met een hollandaisesaus, mousseline of beurre blanc.'

gebakken schol of tong met kruidenboter

4 erg verse hele schollen of tongen
zout en vers gemalen zwarte peper

kruidenboter
85 g boter
4 theelepels gemengde fijngehakte kruiden: verse peterselie, bieslook, venkelgroen en tijmblaadjes

Verwarm de oven voor op 190 °C.

Leg de vissen op één kant en verwijder de kop. Was de vis en maak de snede grondig schoon. Snijd met een scherp mes de vinnen rond de hele vis weg, op de plek waar de 'zoom' van die vinnen overgaat in het vlees. Wees precies en verbind de sneden aan de zijkant met een snede bij de staart, anders is het vel later moeilijk te verwijderen.

Bestrooi de vis met zout en peper en leg in 7 mm water in een ondiep bakblik. Bak 20-30 minuten in de oven, afhankelijk van de grootte van de vis. Het water moet net zijn verdampt als de vis gaar is. Controleer of de vis gaar is door het vlees aan de kopzijde van de graat te nemen. Het moet makkelijk loslaten en vrij wit zijn, zonder een spoortje roze.

Smelt ondertussen de boter en roer er de gehakte verse kruiden door. Trek vlak voor het serveren het vel voorzichtig vanaf de staartkant los (het vel gaat vreselijk scheuren als het niet goed is gesneden). Leg de vis op warme borden en schep er de kruidenboter over. Serveer meteen.

Voor 4 personen

'Als ik eind mei of begin juni over landweggetjes rijd, zie ik ineens de vlierbloesem ontluiken. Dan weet ik dat het tijd is om aan kruisbessenstruiken te gaan zoeken naar de harde, groene vruchten, die dan nog veel te onrijp zijn om rauw te eten, maar fantastisch zijn in taarten of in deze verrukkelijke compote.

Vlierbloesem heeft een buitengewone affiniteit met groene kruisbessen en door een gelukkige regeling in de natuur verschijnen ze tegelijkertijd in het seizoen.'

groenekruisbessencompote met vlierbloesem

900 g groene kruisbessen
2 of 3 vlierbloesemschermen
450 g suiker
600 ml water
verse vlierbloesem, om te decoreren

Maak de kruisbessen schoon.

Bind de vlierbloesemschermen in een vierkant stuk kaasdoek, doe in een roestvrijstalen of geëmailleerde steelpan, voeg suiker toe en zet onder 600 ml water. Breng langzaam aan de kook en laat 2 minuten koken. Voeg de kruisbessen toe en laat doorpruttelen tot het fruit net openbarst. Laat afkoelen. Serveer in een mooie kom en decoreer met verse vlierbloesem.

Variatie: groenekruisbessenshake met vlierbloesem

Draai de compote fijn in een blender en meng met licht geklopte room naar smaak (ongeveer de helft van de hoeveelheid fruitpuree). Serveer koud met koekjes van zandgebak.

Voor 6-8 personen

martin boetz

Sydney kan nogal eens wispelturig zijn, vooral als het om restaurants gaat. De hotspot van deze week? Het cliché van de week daarop. Misschien gaat dat in de hele wereld zo, maar omdat Sydney zijn eten met zo veel passie omarmt, lijkt de lof luider en de mislukking – als die plaatsvindt – pijnlijker en openlijker. Het is een knappe (of buitengewoon goede) zaak die op koers blijft, en een echt opmerkelijke die een legende wordt.

Toen ik eind 1999 in Sydney arriveerde, zorgde een nieuw Thais restaurant, genaamd Longrain in Surry Hills, aan de rand van de binnenstad, voor de nodige opwinding. In een stad die overloopt van Thais voedsel, had Longrain een slimme formule. Neem de favoriete keuken van de stad en combineer die met eenzelfde passie voor alles wat nieuw, *glamorous* en sexy is. Neem een interieur op het scherp van de snede, een anarchistische locatie (Surry Hills kwam net op als alternatief, cultureel centrum, zoals het Londense Hoxton of het vleespakhuizendistrict van New York) en de integriteit van een jonge, uiterst creatieve chef-kok met een indrukwekkend cv: Martin Boetz. Geen wonder dat die wispelturige inwoners van Sydney uren in de rij stonden (en nog steeds staan) voor exquise, in betelblad verpakte zalmforel, rijk gekarameliseerde ham en het gerecht dat snel Boetz' handelsmerk werd: delicate 'eiernetjes' gevuld met varkensvlees, garnalen en heel veel verse kruiden.

De in Frankfurt geboren Boetz is uniek. Een Australiër van Duitse afkomst met een Brisbaneaccent die Italië adoreert en subliem Thais kookt. Samen met zijn bescheiden zakenpartner Sam Christie, die discreet de gecontroleerde chaos op de vloer van Longrain regisseert, is Boetz het publieke gezicht van het restaurant sinds de opening op 27 augustus 1999. Hij staat nog steeds minstens vier avonden per week achter de fornuizen om zijn team van enthousiaste jonge koks te dirigeren. 'Longrain zette de toon voor moderne Aziatische restaurants in Sydney; het legde de lat hoger,' zegt hij. 'Op de een of andere manier werkt het, het gebeurt gewoon.'

In augustus 2000, precies een jaar na de opening, kende de *Sydney Morning Herald's Good Food Guide* (onder leiding van Jill Dupleix en Terry Durack) Longrain twee felbegeerde koksmutsen toe, het lokale equivalent van Michelinsterren. 'Martin Boetz kookt het meest verse en meest stijlvolle Thaise eten in Sydney,' meldde de anonieme bespreker, 'en zijn menukaart is een van die zeldzame gevallen waarop elk gerecht een favoriet is.' Longrains score bleef constant 16 op een schaal van 20 (wat wisselend stond voor 'heerlijk', 'echt heerlijk' en 'een hoog *wow*-gehalte' op de vreemd wisselvallige *Good Food Guide*-schaal) en in 2003 werd melding gemaakt van de nu fameuze caipiroska's, de drankjes op wodkabasis die de meest geïmiteerde cocktails van Sydney werden. In 2004 hield de gids nog steeds vast aan die twee koksmutsen en bedacht men de uitdrukking 'mod Thai' om Boetz' experimentjes met Chinese smaken te omschrijven, terwijl de gids van 2005 het restaurant een dubbelzinnig compliment gaf met een verwijzing naar Longrains beruchte wachtrijen: 'Goede dingen overkomen hen die wachten, wachten en wachten.'

Boetz leerde het vak van Sydneys meesterkok in de Thaise keuken, David Thompson. 'Hij kwelde me,' lacht hij, als hij denkt aan zijn begintijd als leerling in Thompsons restaurant Darley Street Thai. 'Nou ja, hij liet me hard werken, in elk geval. Hij moet iets in me gezien hebben. Maar het was vrij intens werk.' Thompson moet zeker talent hebben gezien in de jonge leerling. Na een onderbreking van tien maanden in Italië – 'wat echt mijn vaardigheden verfijnde en verbeterde' – en nog maar halverwege de twintig kreeg Boetz de positie van chef-kok aangeboden in Thompsons Thaise restaurant Sailors in het Rocks-district van Sydney.

De enige keer dat Martin Boetz ooit voor mij thuis kookte, kookte hij Italiaans, als een expert. Natuurlijk ging hij niet de roerbakgerechten of curry's maken die hij elke avond van de week al kookt (verbazingwekkend dat hij überhaupt wilde koken), maar zijn passie voor de Italiaanse keuken is interessant. Voor een jonge chefkok (hij is nu 36) die doorgaans wordt geafficheerd als Sydneys beste Thaise kok – en een van Australiës beste Thaise koks – kan hij vreemd blasé overkomen over zijn kunsten. Bijna alsof zijn vaardigheid, en het succes dat ermee gepaard ging, een verrassing voor hem is.

'Ik houd van de gulheid van de Italiaanse eetcultuur en de smaken van de rustieke Italiaanse keuken. Ik zie veel overeenkomsten tussen de Thaise en de Italiaanse keuken. De mensen leven naar de volgende maaltijd toe en hebben het constant over eten. Maar ik houd ook van de smaken van Thais eten en die cultuur van samen delen, al kan dat soms confronterend uitpakken.'

Gulheid is een woord dat Boetz regelmatig gebruikt. Hij gelooft dat de gulheid van Longrain de sleutel voor het succes is. En verderop in ons gesprek noemt hij de Australische kok en culinaire auteur Maggie Beer als een ongewone leermeester voor een Thaise kok. 'Ik houd van haar gulheid,' zegt hij.

Lunch of diner in het spelonkachtige Longrain, met zijn lange kloostertafels, is niet voor de fijnbesnaarden. Het geluidsniveau kan kakofonisch zijn, je maakt regelmatig lichamelijk contact met je buurman of -vrouw en soms lijkt het handiger om je metgezellen te bellen of te sms'en dan naar ze te roepen over de enorme eettafel. Maar de beloning is altijd de sublieme maaltijd, traditionele Thaise recepten, vakkundig bereid en afgestemd op de verse Australische producten. Diep aromatische kip, gekruid met cassiaschors, steranijs en szechuanpeper, wordt sterker doordat Boetz per se een scharrelkip uit de Barossa gebruikt en veel van de gerechten vereisen de Australische zeevruchten waar de chef-kok zo van houdt: baars, *mud crab*, *kingfish* en grote garnalen.

Koksmutsen in de *Good Food Guide* zijn uiteraard belangrijk, maar voor Boetz persoonlijk was de uitnodiging in 2003 om thuis in Jakarta bij de toenmalige Indonesische president Megawati te koken een echt eerbetoon. 'Een Indonesisch stel dat veel op en neer reist tussen Jakarta en Sydney komt regelmatig in Longrain,' legt hij uit. 'En ik was hun cadeautje aan haar! Ze vroegen me of ik wilde komen om te koken. Ik kookte die avond voor zestig personen. We deden de voorbereiding in een hotel en kookten in het huis – in de garage – bij 35 graden. Gelukkig had ik een schoon jasje om snel aan te doen bij de ontmoeting met Megawati. Ik sprak tegen haar in het Maleis. Ik had alles gerepeteerd!'

Het enige wat Boetz meenam uit Sydney waren currypasta's. Hij vertrouwde op zijn instinct voor verse lokale producten en creëerde een menu voor het presidentiële banket van eend en wintermeloensoep met shii-take, een gele curry met rivierkreeft en gekruide eend met pruimensaus. Hij vond het inderdaad een eer te worden uitgenodigd en hij is trots op wat hij die avond presteerde, maar zou hij het nog eens doen? Hij aarzelt geen moment: 'Nee.'

Het is tekenend voor Longrains succes dat de kwellende vraag of er ook een filiaal in Melbourne komt Sydneys culinaire journalisten al jaren bezighoudt. Op het moment van schrijven (begin 2005) pakt Boetz zijn koffers in voor een periode in de wat koudere stad. Longrain Melbourne is gepland in de hippe Little Bourke Street en hij zal uiteraard de supervisie over alles hebben. Hij weet dat Melbourne een uitdaging betekent. De stad deelt niet Sydneys traditionele affiniteit met de Aziatische keuken en de harten en geesten worden daar misschien minder snel veroverd. 'Er is een belangrijk verschil tussen wat mensen in Sydney en Melbourne willen eten,' geeft Boetz toe. 'En er is een groot verschil tussen wat restaurants in elke stad serveren, om over de verkrijgbaarheid van producten maar te zwijgen.'

Het valt me in dat gezien Boetz' vaardigheid, zijn liefde voor de Italiaanse keuken en de voorkeur in Melbourne voor alles wat mediterraans is, een Italiaanse Longrain – die dan natuurlijk Arborio* heet – wel eens een voltreffer zou kunnen zijn. Maar in plaats daarvan vraag ik Boetz naar de lange termijn. 'Op het moment is het gewoon mijn ambitie een tweede Longrain te openen en twee restaurants erg goed te runnen. Daarna misschien iets in het buitenland.' Hij brengt graag wat tijd door in Duitsland (hij vertrok op zijn vierde) en denkt dat het Longrain-concept daar 'sensationeel' zou zijn, misschien in Berlijn. Zijn eerste kookboek, *Longrain: Modern Thai Food*, kwam uit in 2003 en toont de onlosmakelijke band tussen de namen Boetz en Longrain. Ik vraag of Longrain zonder hem kan bestaan. Geen moment van aarzeling. 'Nee,' zegt hij, met plots Teutoonse ernst, voordat hij die Australische glimlach, met dat spleetje tussen zijn tanden, tevoorschijn tovert.

* 'Longrain' is een samenstelling van 'long grain (rice)', 'langkorrelrijst'; arborio is een Italiaanse rijstsoort.

'Het krokante van het varkensvlees is ongelooflijk in combinatie met de zachte textuur van de zeekat. Het is een traditionele Thaise combinatie, hoewel pijlinktvis gebruikelijker is. Ik prefereer zeekat want die is zachter. Het gerecht staat al sinds de opening op de kaart van Longrain.'

salade met krokant zout varkensvlees en zeekat

200 g buikspek
50 g zeezout
100 ml rijstazijn
1 liter plantaardige olie
150 g zeekat, schoongemaakt en kruislings ingesneden
dikke zoete sojasaus (ketjap manis), eventueel
4 lente-uitjes, in dunne reepjes
1 stukje gember van 4 cm, geschild en in dunne reepjes
1 bosje munt, gewassen en fijngehakt
1 bosje koriander, gewassen en fijngehakt
3 kleine groene pepers, fijngesneden
1 sjalot, in ringetjes
1 stengel Chinese bleekselderij, in dunne plakjes
sap van 1 limoen

gelebonen-sojadressing (voor 750 ml)
5 tenen knoflook, gepeld
5 kleine rode pepers
stukje gember van 4 cm, geschild
250 ml lichte gelebonensaus
250 ml dikke zoete sojasaus (ketjap manis)
250 ml rijstazijn
125 ml dikke gelebonensaus
230 g fijne kristalsuiker of witte basterdsuiker

Zet een stoommand op kokend water en stoom het vlees 35 minuten onder een deksel tot het gaar is. Laat wat afkoelen, prik het vel overal in met een vork en masseer er zout en azijn in. Wrijf ook wat zout en azijn aan de andere kant. Leg het vlees op een taartrooster met een schaal eronder om het eventuele vocht op te vangen terwijl het afkoelt. Haal het vlees als het afgekoeld is van het rooster en leg 1-2 uur in de koelkast tot het stevig is (dan is het makkelijker te snijden).

Snijd het vlees met de draad mee in lange, dunne reepjes.

Verhit de olie in een wok tot hij gaat roken en bak het vlees in 3-4 minuten bruin en krokant. Laat uitlekken op keukenpapier en zet weg.

Breng een pan water aan de kook, voeg zout toe en blancheer de zeekat. Zodra hij opkrult, is hij gaar. Spoel af in koud water en zet weg. U kunt de zeekat ook grillen; wrijf hem dan eerst even in met wat ketjap.

Meng lente-uitjes, gember, munt, koriander, pepers, sjalot, bleekselderij en limoensap in een kom. Schep het krokante vlees en de zeekat om met de salade en 150 ml van de dressing en verdeel over de borden.

Gebruik voor de dressing een vijzel om knoflook, pepertjes en gember tot een uniforme pasta te malen. Doe de pasta en de overige dressingingrediënten in een pan met dikke bodem, breng aan de kook en laat 5 minuten sudderen. Laat afkoelen en bewaar in een weckpot.

Voor 4 personen als onderdeel van een gezamenlijk maal

'Dit recept stamt uit mijn tijd bij Darley Street Thai en is sinds de opening een favoriet bij Longrain. Het gestoofde rundvlees komt uit een traditioneel Chinees recept, terwijl de heetzure salade Thais van invloed is. De volheid van het vlezige stoofvocht komt in evenwicht door de heetzure dressing in de salade, waardoor een goede smaakbalans ontstaat.

stoofvlees met een heetzure salade

stoofvlees

stuk runderstoofvlees van 200 g
1 eetlepel dikke, zoete sojasaus (ketjap manis)
100 ml plantaardige olie
5 tenen knoflook, gepeld
stukje gember van 4 cm, geschild
1 korianderwortel, geschrapt en schoongemaakt
1 kleine rode ui
100 ml Chinese rijstwijn
50 g kandij, geplet
50 ml oestersaus
500 ml kippenbouillon
50 ml Chinese zwarte azijn
1 theelepel zeezout

heetzure salade

50 ml limoensap
$\frac{1}{2}$ theelepel chilipoeder
1 eetlepel vissaus
2 kleine groene pepers, fijngesneden
10 blaadjes koriander
10 blaadjes munt
1 lente-ui, gesnipperd
1 Aziatische sjalot, gepeld en in ringetjes
$\frac{1}{2}$ grote rode peper, zonder zaad en fijngesneden

Wrijf het vlees in met de sojasaus. Verhit wat plantaardige olie in een pan en schroei het vlees aan alle kanten dicht. Leg het in een braadpan.

Stamp knoflook, gember, korianderwortel en ui tot een pasta. verhit wat olie in een steelpan met dikke bodem en bak de gestampte ingrediënten tot ze goudbruin zijn. Gooi overtollige olie weg en deglaceer met Chinese rijstwijn. Voeg kandij, oestersaus en kippenbouillon toe. Breng aan de kook en schuim af. Giet de vloeistof over het vlees. Bedek met bakpapier en folie en stoof $1\frac{1}{2}$ uur op het fornuis tot het vlees zacht is.

Haal het vlees uit de pan en zet weg. Zeef het vocht en kook flink in tot een derde hoeveelheid. Voeg azijn toe en proef of er zout bij moet – het mengsel moet vol en vlezig smaken.

Meng voor de salade limoensap, chilipoeder, vissaus en pepers. Deze dressing moet erg heet en zuur smaken. Schep in een roestvrijstalen kom de andere salade-ingrediënten om en voeg de dressing toe.

Snijd het vlees in vier plakken van 1 cm dik en warm het ingekookte braadvocht op. Leg het vlees in het midden van de serveerschaal en giet er een royale scheut braadvocht over. Leg de heetzure salade op het vlees en giet wat van de dressing bij de vleessappen. Serveer met gestoomde rijst.

Voor 6-8 personen als onderdeel van een gezamenlijk maal

martin boetz

groene curry met garnalen

groene currypasta (voor 375 ml)
1 middelgrote rode ui, gesnipperd
5 tenen knoflook, gepeld
1 stukje galanga (laos), gepeld
2 stengels citroengras, alleen het witte deel
$\frac{1}{2}$ theelepel zeezout
6 korianderwortels, geschrapt en schoongemaakt
6 lange groene pepers, zonder zaad
8 kleine groene pepers
2 eetlepels wilde gember
stukje verse geelwortel van $2\frac{1}{2}$ cm
1 eetlepel geroosterde garnalenpasta
1 eetlepel geraspte limoenschil

kruidenmengsel
$1\frac{1}{2}$ eetlepel korianderzaad
1 eetlepel komijnzaad
1 eetlepel foelie
1 theelepel witte peperkorrels
1 eetlepel zeezout
150 ml kokoscrème of 100 ml plantaardige olie
3 eetlepels groene currypasta (zie boven)
4 verse citroenblaadjes
6 kleine Thaise aubergines
100 ml Thaise vissaus
100 g palmsuiker, geschaafd
300 ml kokosmelk
1 grote Thaise aubergine, in plakjes
2 lange groene pepers, zonder zaad en fijngesneden
50 g verse bamboescheuten, in plakjes
3 kolfjes babymaïs, gehalveerd
6 rauwe grote garnalen, gepeld, zonder darmkanaal, kop en staart intact
20 g Thais basilicum

Stamp voor de pasta met een vijzel ui, knoflook, galanga, citroengras en zout tot een gelijkmatige pasta. Haal uit de vijzel en doe in een keukenmachine.

Doe korianderwortels, pepers, gember, geelwortel, garnalenpasta en limoenschil in de vijzel. Stamp tot een gelijkmatige pasta, doe ook in de keukenmachine en draai alles tot een gladde massa. Hij moet heldergroen zijn, met een licht gele tint van de geelwortel.

Maak voor het kruidenmengsel koriander, komijn en foelie nat, laat uitlekken en rooster 10-15 minuten droog met peperkorrels en zout in een pan met dikke bodem of een wok op halfhoog vuur. Dit geeft alle specerijen de tijd helemaal door en door te worden geroosterd; rooster langzaam, want ze moeten na afloop sterk geuren. Stamp fijn met een vijzel en maal dan in kleine porties in een specerijen- of koffiemolen tot fijn poeder. Haal door een fijne zeef. Roer de stukjes door de kruidenpasta, meng goed en doe in een luchtdichte doos.

Verhit een pan met dikke bodem en voeg kokoscrème of plantaardige olie toe. Blijf, als u kokoscrème gebruikt, roeren tot deze begint te schiften voordat u 3 eetlepels van de currypasta toevoegt. Bak bij gebruik van olie de pasta tot hij opgeurt en de olie loskomt. (De rest van de pasta is 4-6 dagen houdbaar in de koelkast of anders in te vriezen.)

Voeg citroenblad en de kleine aubergines toe en roer door de pasta. Voeg vissaus en palmsuiker toe, bevochtig met kokosmelk en breng aan de kook. Controleer de smaak, het mengsel moet heet, zoutig en wat zoet zijn. Breng eventueel op smaak met peper en zout.

Voeg de grote aubergine, pepers, bamboescheuten, maïs en garnalen toe. Laat zachtjes sudderen en kook nog 3 minuten. Roer er het basilicum door, haal van het vuur en schep in een serveerkom. Serveer met gestoomde jasmijnrijst.

Voor 4 personen als onderdeel van een gezamenlijk maal

'Bij Longrain gebruiken we eendeneieren voor de custard, waardoor het een extra verwennerij wordt, zeker met de volheid van de palmsuiker. Dit recept is onze versie van een Thais dessert, waarbij eieren, palmsuiker en kokoscrème worden gemengd en gestoomd. Het wordt vaak geserveerd op zwarte kleefrijst of zelfs bestrooid met gefrituurde sjalot. De toevoeging van verse geelwortel aan de karamel geeft het een goudgele kleur en het pandanblad laat een frisse, grasachtige smaak na. Er worden twee soorten palmsuiker voor de karamel in dit gerecht gebruikt: ten eerste donkere palmsuiker, oftewel de Indonesische goela djawa; *de andere is bleker en heeft een minder rokerige smaak. Beide zijn verkrijgbaar bij Aziatische toko's.'*

karamelcustard met gegrilde banaan

palmsuikerkaramel
100 ml water
90 g kandij, geplet
180 g geschaafde palmsuiker
90 g geschaafde donkere palmsuiker
stukje verse geelwortel (*koenjit*) van 3 cm, geschild en in plakjes
1 pandanblad

custard
6 eendeneieren
500 ml kokoscrème
1 theelepel zout
3/4 van de hoeveelheid palmsuikerkaramel (zie boven)

6 rijpe bananen
3 eetlepels palmsuikerkaramel (zie boven)
extra kokoscrème

Meng voor de karamel water, kandij en beide soorten palmsuiker in een pan met dikke bodem op halfhoog vuur. Breng aan de kook en laat 5 minuten inkoken. Voeg geelwortel en pandanblad toe en laat afkoelen.

Verwarm de oven voor op 150 °C. Zet zes soufflébakjes van 180 ml in een diepe ovenschaal.

Meng voor de custard alle ingrediënten. Roer goed en zeef boven een schenkkom. Giet de custard in de bakjes. Strijk met een lepel eventueel ontstane belletjes weg voor een gladde bovenkant. Doe heet water in de ovenschaal tot halverwege de hoogte van de bakjes. Bedek de bovenkant van de ovenschaal met een laag bakpapier en aluminiumfolie om geen water of stoom in de custard te krijgen. Bak 35-40 minuten. Controleer na 35 minuten, de custard is klaar als hij de consistentie heeft van een stevige drilpudding en de bovenkant is opgesteven.

Knijp zachtjes in de bananen terwijl ze nog in de schil zitten om het vlees zachter te maken. Gril ze onder een ovengrill of op een grillpan tot de schil zwart wordt, ongeveer 3 minuten per kant. Verwijder dan de schil en gooi deze weg.

Zet een souffléschaaltje op elk bord en leg er de banaan naast. Besprenkel met karamel en kokoscrème.

Voor 6 personen

Er was de man die de Beatles een contract weigerde omdat hij niet dacht dat ze aan zouden slaan. Er was de man die zei dat rock-'n-roll een eendagsvlieg was. Ik weet zeker dat er andere wijzen zijn geweest die de snelle ondergang van junkfood en spijkerbroeken hebben voorspeld. Hun namen doen er niet toe, het gaat om hun tenenkrommende gebrek aan beoordelingsvermogen. Nou, maak kennis met ondergetekende, De Man Die Jamie Oliver Afwees.

jamie oliver

'Je moet een afspraak maken met Jamíe Oliver,' zei mijn goede vriend, de Franse (en duidelijk zeer intuïtieve) fotograaf Jean Cazals. 'Hij wordt een 'ele krote.' Dat moet 1998 geweest zijn, ik was hoofdredacteur van *Food Illustrated* en Oliver was souschef in het iconische The River Café in Hammersmith, West-Londen. De sterrenstatus kon hem echter elk moment ten deel vallen: Cazals was tenslotte al een boek met hem aan het plannen en niet minder dan vijf productiemaatschappijen hadden Oliver gebeld om hem een serie aan te bieden na zijn korte optreden in een tv-documentaire over The River Café. Dus hoe groot moet je worden als 'hele grote' voordat ik het zie?

Oliver swingde op een morgen mijn leven binnen op die scooter van hem, met een helm onder zijn arm en een vocabulaire dat, ik zweer het, echt termen bevatte als 'lovely jubbly'. Zo herinner ik het me in elk geval; misschien zijn tv-persoon en herinnering door elkaar gaan lopen. We spraken tijdens de koffie. Oliver had *Food Illustrated* gezien en het beviel hem. Hij wilde een column; ik wist niet zeker of ik hem in kon passen. Hoe zou hij het doen tussen al onze vaste medewerkers? Ik hield wel van zijn bravoure, maar was hij niet wat jong, een beetje nat nog achter de oren?

'Hij is niet echt wat voor ons,' rapporteerde ik aan het redactieteam nadat Oliver weg was gescooterd, de Londense wintermorgen in. 'Laten we hem op de spaarbrander zetten.' Dat is redactietaal voor 'laten we het vergeten'. Jamie *mate*, dat was een *pukka* flater van de eerste orde.

Grappig genoeg deed Jamie Oliver het ook heel aardig zonder die *Food Illustrated*-column. Hij is zonder meer 's werelds beroemdste kok en afgaande op het bewijs dat ik bij het schrijven van dit boek verzamelde, zou ik zeggen dat hij, samen met wijlen culinair schrijfster Elizabeth David, meer dan wie ook invloed heeft gehad op de manier waarop we de laatste vijftig jaar koken. Misschien houdt niet iedereen van zijn jofele praatjes, maar niemand kan om de impact heen die hij heeft gehad op de eetgewoonten in Engeland, in Australië, in feite in elk land waar zijn tv-series te zien zijn geweest en zijn boeken zijn verkocht.

Overal hoor je de uitspraak dat Oliver koken *cool* heeft gemaakt, aanvaardbaar en aantrekkelijk, voor een voedseldisfunctionele generatie, wier idee van een goede maaltijd in het pre-Jamietijdperk mogelijk een afhaalhap voor de tv of het computerscherm was. Terence Conran, die ook wel wat heeft gedaan om de Britse keuken op de kaart te zetten, zegt dat Oliver 'meer heeft gedaan om jonge mensen interesse bij te brengen voor eten dan wie ook. Ik heb stiefzonen van begin twintig die koken, en waarom koken ze? Omdat Jamie Oliver ze heeft geïnspireerd, niet hun moeder en zeker niet hun stiefvader!'

De tweede keer dat ik Oliver ontmoette, was in 2001, in Melbourne, een paar maanden voor de lancering van het blad *ABC delicious*. Hij was op promotietour in Australië en bracht het verkeer in Collins Street tot stilstand – vrij letterlijk –, terwijl fotograaf Mark Roper hem vastlegde voor ons eerste nummer. Oliver was moe, had een jetlag, was hongerig (in het krankzinnige interviewschema had men eenvoudige zaken als ontbijt, lunch en diner over het hoofd gezien) en bezorgd om zijn vrouw Jools, die in Engeland zwanger was van hun eerste kind, maar hij was de volleerde professional.

Hij gaf *ABC delicious*, een blad dat nog niet eens was gelanceerd, een exclusief interview en toen ik hem een paar dagen later bezig zag in Melbournes Good Food Show, besefte ik dat Oliver een uniek talent had. Hij had het uiterlijk, de humor en de timing en liet iedereen van de duizend toeschouwers in dat theater eenvoudig uit zijn hand eten. Hij had wat tv-bazen zouden omschrijven als de 'X-factor'. En hij kon trouwens nog vrij briljant koken ook.

In Groot-Brittannië is Oliver nauwelijks uit de openbaarheid geweest, of het nu om zijn huwelijk met Jools ging, de geboorte van zijn dochters Poppy en Daisy, zijn stapel kookboekbestsellers, de overdreven aandacht voor zijn vriendschap met het voormalige paar Pitt-Aniston of de briljante formule van zijn Fifteen Foundation, waar, onder leiding van Oliver, kansarme jongeren worden opgeleid tot kok. De resulterende tv-documentaire, *Jamie's Kitchen*, werkte toe naar de opening van zijn restaurant Fifteen in Noord-Londen. Zijn recente plannen om de kwaliteit van schoolmenu's te verbeteren (hij kreeg er een Glenfiddich Award voor, vanwege zijn bijdrage aan het begrip van en de waardering voor eten in Groot-Brittannië) sloeg al net zo aan bij het Britse publiek.

In oktober 2001 was Oliver terug in Australië, deze keer in Sydney, en als hoofdredacteur van *ABC delicious* werd ik door warenhuis David Jones uitgenodigd hem te interviewen in aanwezigheid van bijna duizend klanten. Wat op mij overkwam als een verschrikkelijke beproeving, was in werkelijkheid een genot, met een betoverd publiek dat aan Olivers lippen hing, voordat ze met honderden in de rij gingen staan om zijn laatste boek te kopen. Oliver heeft zijn sterke banden met *ABC delicious* in Australië en met de zustereditie in Engeland behouden en ik hoop dat hij zich er goed behandeld voelt. Hij verdient het zeker. Net zoals hij die morgen in 1998 deed, toen De Man Die Jamie Oliver Afwees hem op de spaarbrander zette.

Toen ik in oktober 2004 van Australië naar Engeland reisde voor mijn research voor *accidental foodie*, was Jamie Oliver op locatie. Onze schema's weigerden samen te vallen, maar hij stelde me niet graag teleur. Daarom besloten we per e-mail te praten, vanaf de andere kant van de wereld, en ik heb besloten de conversatie in zijn geheel weer te geven.

NW: Jamie, kun je, als je terugkijkt, de mate van succes geloven die je in zo'n korte tijd hebt bereikt?

JO: Nee, niet echt. Het is vanaf mijn 21ste één grote rit op de achtbaan geweest.

Waar ben je het meest trots op?

Mijn huwelijk, mijn kinderen, mijn vrienden en mijn leerlingen. Mijn eerste boek was als een bevalling en voelde destijds als een echte prestatie. Het was echt verbluffend!

Je hebt enorme invloed gehad op mensen om terug de keuken in te gaan. Hoe komt dat denk je?

Alles wat ik heb gedaan, is de wereld van de kok demystificeren. Wij eten ook allemaal boterhammen met pindakaas!

Wie zijn je huidige culinaire helden en waarom?

Rose Gray [van het Londense The River Café] is waarschijnlijk een van mijn grootste invloeden. Dat is een ongelooflijke dame, die uiterst inspirerend werkte. Al mijn andere helden zijn de leveranciers met wie ik werk. Ook mijn leerlingen inspireren me. Ik merk dat als je hun de basis bijbrengt, je jezelf ook weer bijspijkert. En Gennaro Contaldo. Hij is mijn mentor voor de Italiaanse keuken en mijn tweede

vader in Londen. Hij runt een schitterend restaurant in Charlotte Street genaamd Passione, waar ik zo vaak mogelijk eet.

Waarom denk je dat The River Café zo enorm invloedrijk blijft en hoe belangrijk was voor jou de tijd dat je er werkte?

Die tijd daar was zo belangrijk. Het wordt gerund door twee vrouwen die niet als kok zijn opgeleid, maar die beiden fantastische smaakpapillen hebben. Trends interesseren hen geen bal. Ze zijn alleen geïnteresseerd in wat fantastisch is en in het seizoen. Ik denk dat het nog steeds een van de belangrijkste restaurants in Londen is.

Hoe is volgens jou de laatste tien jaar de keuken in Groot-Brittannië veranderd?

Boerenmarkten en kleine boeren hebben lokaal steun gekregen. Mensen die geven om goed eten jagen nu op goede spullen, maar helaas eten mensen die dat niet doen slechter dan ooit.

Je bent een fan van Australië en hebt een grote schare fans hier. Wat bevalt je zo aan dit land?

In Australië begreep men meteen waar ik mee bezig was. Ik denk dat ik en mijn keuken vanwege de levensstijl, het weer en het gevoel voor humor aanvoelden als een oude vriend.

Australië is inmiddels erkend als een centrum van culinaire excellentie. Kijk je ook wel naar wat hier gebeurt voor inspiratie?

Ik kijk overal voor inspiratie. Ik denk dat mijn directe basis de Franse en mediterrane keukens zijn en daarom ben ik daar meer op gefocust. Maar ik vind Aziatisch koken ook echt interessant en opwindend.

Kun je je voorstellen dat je ergens anders woont dan in Groot-Brittannië?

Ja, aan zee in Italië!

Beschrijf Jamie Olivers keuken eens.

Het draait er allemaal om eten terug te brengen naar de naakte essentie, lekker te koken met verse seizoensproducten en mensen aanmoedigen die nog nooit hebben gekookt om het eens te proberen.

Geloof je in culinaire trends? Waar gaan we volgens jou naartoe?

Ik denk dat culinaire trends vroeger meer opvielen omdat koeltransporten nog niet waren ontdekt Als dingen als zongedroogde tomaten langskwamen, werden die meteen omhelsd. De wereld is veel kleiner nu, maar ik zou graag meer Arabische, Perzische en Zuid-Indiase invloeden zien.

Wat deprimeert je inzake de huidige eetcultuur?

Het feit dat scholen denken dat natuurkunde belangrijker is dan kinderen leren koken.

Jamie, op een podium ben je een geboren entertainer. Houd je daarvan?

Ik probeer er alleen voor te zorgen dat mensen zich vermaken. Soms ga ik misschien een beetje over de top, maar het is allemaal gewoon voor de lol.

Gun je jezelf wel eens tijd om achterover te leunen, te ontspannen en aan de rozen te ruiken?

Onlangs nog, in het weekend, met mijn vrouw Jools en de bambino's.

Wat zou Jamie Olivers laatste maal zijn?

Ma's lunch op zondagmiddag.

jamie oliver

'Ik denk dat dit een van de beste vispasteien is die ik ooit heb gemaakt en het is ongelooflijk snel te doen. Ik heb zoveel meningen over vispastei gehoord, maar één twistpunt duikt altijd weer op: met of zonder eieren. Mensen raken echt gepassioneerd over de vraag of die er nou wel of niet in moeten, het houdt ze echt bezig. Ik houd ervan mét eieren, maar wat u ook doet, hij zal echt heel lekker zijn.'

fantastische vispastei

5 grote aardappelen, geschild en in blokjes van 2½ cm
zout
2 scharreleieren
2 grote handen verse spinazie
1 ui, gesnipperd
1 wortel, klein gesneden
extra vergine olijfolie
ongeveer 300 ml room
2 flinke handen geraspte oude Goudse of parmezaan
sap van 1 citroen
1 volle theelepel scherpe mosterd
1 grote hand bladpeterselie, fijngehakt
vers gemalen zwarte peper
geraspte nootmuskaat (eventueel)
450 g schelvis- of kabeljauwfilet, zonder vel, graatloos en in repen gesneden

Verwarm de oven voor op 230 °C. Doe de aardappelen in gezouten, kokend water, breng aan de kook en kook 2 minuten. Doe er voorzichtig de eieren bij en kook 8 minuten, waarna ook de aardappelen gaar zijn. Stoom tegelijkertijd de spinazie in een vergiet boven de pan. Dat duurt maar 1 minuut. Haal de gare spinazie uit het vergiet en knijp er zachtjes overtollig vocht uit.

Giet de aardappelen af in het vergiet. Haal er de eieren uit, laat afkoelen onder koud water, pel ze en snijd in vieren. Zet apart. Fruit in een andere pan een minuut of 5 de ui en wortel in wat olijfolie, voeg dan room toe en breng net aan de kook. Haal van het vuur en voeg kaas, citroensap, mosterd en peterselie toe. Meng spinazie, vis en eieren in een passende, aardewerken ovenschaal door elkaar en giet er het roommengsel over.

Prak de uitgelekte aardappel; voeg wat olijfolie, zout, peper en eventueel wat nootmuskaat toe. Strijk dat over de vis. Dat hoeft niet met een spuitzak om de zaak te verfraaien, het is een aards, huiselijk gerecht. Zet 25-30 minuten in de oven, tot de aardappel goudbruin is.

Serveer met wat mooie erwtjes of een salade, maar bonen met tomatenketchup mag ook. Beetje vulgair, maar wel lekker, daar houd ik van.

Voor 6 personen

'Ik heb dit gekozen omdat het laat zien dat een salade een maaltijd op zich kan zijn en dat fruit in een salade ongelooflijk kan zijn. Perziken zijn mijn favoriet vanwege hun zoetheid, die het goed doet bij de melkachtige mozzarella, zoutige prosciutto en koele munt. Het kan niet missen met deze combinatie en het ziet er fantastisch uit!

Probeer buffelmozzarella te krijgen. Ik strooi er graag wat gedroogde rodepepervlokken over, maar ik ben een rodepeperfreak en u misschien niet, dus het is niet verplicht! En kies de gemengde sla die u lekker vindt.

De dressing is voor 4 personen, maar u kunt de rest in een jampotje in de koelkast bewaren.

gemengde sla met mozzarella, munt, perzik en prosciutto

per persoon
1 rijpe perzik
1 bol mozzarella
zout en zwarte peper
een paar plakken prosciutto of parmaham
gemengde sla
muntblaadjes, gescheurd

olijfolie-citroensapdressing
2 eetlepels citroensap
5 eetlepels olijfolie
zout en vers gemalen zwarte peper, naar smaak

Snijd het vel van de perzik in, schil hem van onderen naar boven en snijd in vieren. Scheur de mozzarella in stukjes en leg ze op een bord met de perziken. Kruid lichtjes met wat zout en peper. Leg er een paar plakken prosciutto over.

Meng de ingrediënten voor de dressing door elkaar.

Schep wat van de dressing en de gescheurde munt door de sla. Gooi de sla op het bord.

'Dit is een voortreffelijke kleine cocktail. Ik heb hem gebruikt bij demonstraties om het publiek los te krijgen. Dan vroeg ik of iemand zichzelf saai vond en als iemand zijn hand opstak, rende ik ernaartoe en gaf ik hem of haar er eentje. Ik had een andere op het podium gemaakt en de uitdaging was dat iedereen zijn eerste drankje op moest drinken en dan naar voren moest kruipen voor het tweede drankje op het podium, anders waren ze nog steeds saai! Iedereen was sportief genoeg om het te doen en het publiek vond het prachtig.'

sidecar

3 eetlepels fijne kristalsuiker of witte basterdsuiker
60 ml goede brandy
20-25 ml Cointreau
sap van 2 of 3 verse limoenen
suiker en limoenschil, om te serveren

Roer eerst de suiker door 3 eetlepels kokend water tot hij is opgelost en voeg dan brandy, Cointreau en limoensap toe. Voeg wat ijs toe en schud goed. Proef even, misschien wilt u wat meer limoen om hem wat pit te geven. Serveer in een martiniglas met een gesuikerd randje en stukje gedraaide limoenschil.

Voor 1 persoon

'Dit recept is genie en eenvoud ineen en uiterst verrassend. Als je het op tafel zet bij het bereiden van de suiker, zorgt het ook voor verbluffend theater. Het is echt een eenvoudig recept waar maar drie ingrediënten voor nodig zijn: een mooie verse ananas, wat munt en wat suiker. Iedereen kan het en het is beter dan een heleboel desserts die ik in restaurants heb gegeten.'

pukka ananas met platgeslagen muntsuiker

1 rijpe ananas
gewone yoghurt, om te serveren
4 volle eetlepels fijne kristalsuiker
handvol verse munt

Koop een rijpe ananas. Hij moet wat zoetig ruiken en de bladeren moeten vrij makkelijk loslaten. Snijd beide uiteindes weg, verwijder de schil met een mes en verwijder zwarte pitjes. Snijd dan in vieren en verwijder de wat minder smakende kern, die ik meestal weggooi of waar ik op zuig terwijl ik het gerecht klaarmaak. Snijd de kwarten in de lengte in dunne plakjes, zo dun als u kunt. Leg ze in één of twee laagjes plat op de bodem van een groot bord. Zet dit niet in de koelkast, maar gewoon even opzij.

Neem het bord na het eten mee naar tafel met een beker yoghurt die kan worden doorgegeven. Keer dan terug met een vijzel met de suiker erin. Uw gasten denken waarschijnlijk dat u gek bent geworden, vooral als u hen negeert terwijl u dit doet, maar pluk de blaadjes munt en doe ze bij de suiker. Sla helemaal aan gort in de vijzel op tafel. U ziet de suiker van kleur veranderen en het zal fantastisch ruiken. Als u soepele polsen hebt, duurt het ongeveer 1 minuut. Strooi de muntsuiker over het bord ananas en zorg dat niemand ananas achterover drukt voordat u er suiker over strooit. Wat een fantastisch iets. Als u nog wat over hebt, kunt er altijd nog piña colada mee maken.

register

VETGEDRUKTE PAGINACIJFERS VERWIJZEN NAAR FOTO'S

Van Dishoeck | Unieboek bv
Postbus 97, 3990 DB Houten

www.vandishoeck.nl
www.unieboek.nl

oorspronkelijke titel: The Accidental Foodie
vertaling: Cornelis van Ginneken
opmaak: ZetSpiegel, Best

ISBN: 90 269 29 84 6
NUR: 440